思考法

教養講座「歴史とは何か」

佐藤 優

角川新書

現実に、思想は未だ強い影響を与えているのだ。

新書版まえがき

危機的時代にわれわれは生きている。危機から抜け出すためには、思考力が必要になる。思考力は、大雑把に言って二つの内容から成り立っていると私は考えている。論理的なものと論理以外のものである。それをきちんと仕分けしておかないと、無自覚的なうちに奇妙な宗教に足を掬《すく》われてしまうことになる。

ここで重要なのは、日本人が神道的なメンタリティーを持っていることだ。日本文化と深く結びついている神道は、「言挙げ」(教義内容を理論化すること)を嫌う。そして、外来のさまざまな宗教を受け入れるシンクレティズム(宗教混淆《こんこう》)に傾きやすい。それだから、われわれは、宗教という形態をとらない宗教を強く信じてしまうことがある。その一つが、シンギュラリティ(技術的特異点)というAI(人工知能)に関連した宗教だ、と筆者は考える。

この観点からすると、東京地方検察庁特別捜査部が昨年一二月に摘発したスーパーコンピューター(スパコン)開発に関連した詐欺事件も、AIに関連した宗教の具体例に挙げられる。

スーパーコンピューター開発会社「ペジーコンピューティング」の代表取締役をつとめていた齊藤元章《さいとうもとあき》被告人は、「新エネルギー・産業技術総合開発機構（NEDO）」から得た助成金を騙《だま》し取ったとの疑いで、一二月五日に逮捕され、同二五日に起訴された。今年、二月一三日には、脱税容疑で追起訴されている。齊藤被告人が騙し取った助成金は、合計で約六億五三〇〇万円にものぼり、脱税額は約二億三〇〇〇万円になる。問題は、AIという夢を語る人物に、なぜ政治家、官僚やマスコミ関係者の大多数が惑わされたかだ。ただし、真の勉強をしている人は、事柄の本質を当初から見抜いていた。それを紹介したい。

齊藤氏は、AI（人工知能）が二〇三〇年頃には人間の知能を超えるシンギュラリティ（技術的特異点）が到来すると主張している。二〇一六年一〇月三日、内閣府の「2030年展望と改革タスクフォース」と題する会合で齊藤氏が行ったプレゼンテーションに対して、国立情報学研究所社会共有知研究センター長の新井紀子《あらいのりこ》教授が辛辣な批判を行った。

〈齊藤委員のプレゼンに関して、特に2015年のグリーン500において、今までダークホースであったPEZYのコンピュータが1位から3位まで入ったことは非常に画期的なこと。一つの日本のスパコン、特にグリーンのスパコンというような観点で、ぜひ今後も頑張っていただきたい。一方で、数理論理学者というか、計算量の理論の方の研究者として一言申し上げておきたい。計算が大変に速くなったり多くなったり、特に１０００倍、１万倍、１００万倍ということになると、今まで計算できなかった全《すべ》てのことが計算できると考えがちであるが、それはまったく見当違いである。例えば私は「ロボットは東大に入れるか」という大学入試を突破するというプロジェクトをしているが、そこで開発しているＡＩには（東大生が解けているのに）解けない数学の問題がいくつもある。それは今、御提案の次世代のスパコンが地球の滅びる日まで計算しても計算ができないことが理論上わかっているタイプのものばかりである。それをなぜ人間が解けるのか、ＡＩという言葉が生まれてから50年以上研究が進められてきたか《ママ》、その理由は全くわかっていない。

　結局、コンピュータには意味がわからない、というのが決定的な弱点だといえるだろう。画像認識については、人間の脳の動きを模したといわれるニューラルネットワークという統計的手法によって、限定的なタスクに関しては人間を超えるような性能を発揮してはいる。しかし、言葉に関して、つまり言語に関してのシンボルグラウンディングは全く理論上も突破できる見込みがまだ立っていない。意味がわからないコンピュータがどんなに速く計算しても、できない。

シンギュラリティが来るかもしれない、というのは、現状では「土星に生命がいるかもしれない」とあまり変わらない。土星に生命がいない、と証明されたわけではないように、シンギュラリティが来ないことを今証明できるわけではない。一方で、土星に土星人がいるかもしれない、ということを前提に国家の政策について検討するのはいかがなものか。〉(http://www5.cao.go.jp/keizai-shimon/kaigi/special/2030tf/summary_281003.pdf、二〇一八年三月一日閲覧)

新井氏は、今年二月に東洋経済新報社から『AI VS. 教科書が読めない子どもたち』を上梓《じょうし》し、巷間《こうかん》に流布しているAI(人工知能)が神になる、AIが人類を滅ぼす、AIが自らの力で人間の知能を超える能力を持つシンギュラリティ(技術的特異点)が来るという言説は、すべて誤りであると退けている。

その理由をまとめると、次のようになる。コンピューターは計算機に過ぎない。できるのは四則演算(正確には、足し算と、かけ算)だけだ。過去四〇〇〇年の歴史で数学が獲得した言語は、論理、確率、統計の三つだけだ。次世代スパコンや量子コンピューターが開発されようとも、非ノイマン型コンピューターが開発されても、使えるのはこの言語だけなのである。

〈「真の意味でのＡＩ」とは、人間と同じような知能を持ったＡＩのことでした。ただし、ＡＩは計算機ですから、数式、つまり数学の言葉に置き換えることのできないことは計算できません。では、私たちの知能の営みは、すべて論理と確率、統計に置き換えることができるでしょうか。残念ですが、そうはならないでしょう〉（新井紀子『ＡＩ vs. 教科書が読めない子どもたち』東洋経済新報社、二〇一八年、一一八頁）

論理的にはこの説明で十分なのだが、新井氏は大学入試、機械翻訳、自動作曲、画像認識などのメカニズムを具体的に説明することを通じて、ＡＩの効用と限界を明らかにする。科学を過信せず、科学の限界を謙虚に知ることが重要である、と新井氏は繰り返し説いている。作品の行間から、優れた知識人の知的誠実さが伝わってくる。

特に重要なのは、人間の言葉に関する新井氏の見解だ。人間の言葉を確率過程に還元することはできない、と新井氏は強調する。

政府が土星に生命体があるか調査するようなプロジェクトに、国民の税金を用いてはならないのだ。先端科学の問題点を、非専門家にも説明できるサイエンスコミュニケーターの能力が新井氏には備わっている。それは、新井氏が狭い専門分野にとらわれない本質的な勉強をし、論理的なものと論理以外のものとの違いをよく理解しているからだ。ちなみに、新井氏の見解は神学的に見ると「有限は無限を包摂することができない（finitum non est capax infiniti.）」という、プロテスタント・カルバン派の立場と親和的だと思う。
新井紀子氏のような強靭《きょうじん》な思考力を身につけるための道具として、本書は読者の役に立つ、と私は信じている。

なお、本書は二〇一五年に株式会社ＫＡＤＯＫＡＷＡから刊行した『危機を克服する教養　知の実戦講義「歴史とは何か」』に加筆修正をし、改題をしたものである。先に刊行した『勉強法　教養講座「情報分析とは何か」』（角川新書、二〇一八年四月、旧題は『危機を覆す情報分析　知の実戦講義「インテリジェンスとは何か」』）の姉妹編のため、新書版では同様に、タイトルを内容に即して改めた。
本書を上梓するにあたっては、文芸・ノンフィクション局第四編集部の岸山征寛《きしやまゆきひろ》さんに、たいへんお世話になりました。どうもありがとうございます。

二〇一八年四月二日、曙橋《あけぼのばし》（東京都新宿《しんじゅく》区）の自宅にて

佐藤《さとう》　優《まさる》

目次

ーマニズム／疎外と企業の力の強さは関係している／「順応の気構え」／疎外が進むと必ずテロが出てくる／善なるものは自己絶対化の誘惑に陥り、人間を圧迫していく／キリスト教はアンチヒューマニズム

法王庁は誤訳／バチカンの大きな方針転換、「共産主義は敵」／対話によってイスラム過激派の脅威を解体していく／日本にとっての最大の危機は反知性主義だ／第二次大戦後、二〇世紀の神学は圧倒的にカトリック主導／仏教的な視座に立ってマルクス主義を読み直した廣松渉／ソ連崩壊を正面から踏まえていない日本の左翼／日本人の主たる考え方は関係主義的だ／思想は基本的に解釈、あるいは再解釈である／タルムード的手法で『〈近代の超克〉論』を読む／世界史は、物語をつくる暴力的な力を持つ人にしかつくれない／一九四五年三月一〇日の東京大空襲／理論的可能性としての、二つの大東亜共栄圏／日本人は近代主義的な枠を超

まえがき

現下の世界は危機に直面している。その危機は、経済、政治、外交、感染症、環境など、我々が生きている世界全体に及んでいる。構造的かつ全般的危機であるといっていい。

危機は、英語、ドイツ語、ロシア語で、それぞれ crisis（クライシス）、die Krise（クリーゼ）、кризис（クリージス）であるが、これらのもとになった古典ギリシャ語のκρισις（クリーシス）には、分かれ道、審判、重篤などの意味がある。今まで未分化だったものが分化されるので、そのうちのどちらかを我々は選択しなくてはならない。そのときの選択で運命が大きく変化してくる。

これまで危機に直面したとき、我々はそれを理性によって克服しようとしてきた。これは啓蒙《けいもう》主義的なアプローチである。

啓蒙主義とは、暗い場所に灯《とも》すロウソクの数を増やせば増やすほど明るくなり、周囲の景色がよく見えるようになるように、人間が理性に基づく知識をつければつけるほど聡明《そうめい》になるという考え方だ。理性に基づいて科学技術と人道精神（ヒューマニズム）を発達させていけば、人類は理想的環境を作り、幸せになるはずだった。しかし、今から一〇一年前の一九一四年に勃発《ぼっぱつ》した第一次世界大戦は、啓蒙主義が幻想であったことを示した。当時の帝国主義列強は、科学技術を生かして毒ガス、戦車などの大量破壊兵器を用い、文科系の知識人たちの大多数は戦争を美化し、敵国民に対する憎悪を煽《あお》った。もっともオーストリアのシュテファン・ツワイク、フランスのロマン・ロランのように個人的なリスクを負って、中立国のスイスで会って握手をし、平和のために努力した作家たちがいたことも忘れてはならない。しかし、時代の流れを押しとどめることはできなかった。

一九一八年に第一次世界大戦は終結した。その後、二度と世界的規模での戦争を引き起こしてはならないという各国の共通認識から、国際連盟が創設された。しかし、国際連盟の理想は実現せず、一九三九年から四五年にかけて、第二次世界大戦が起きてしまった。第一次世界大戦勃発から一〇一年、一九四一年の太平洋戦争勃発から七四年を経て、日本を取り巻く状況もきな臭くなっている。特に尖閣《せんかく》諸島（沖縄県石垣《いしがき》市）をめぐる状況は危機的だ。偶発的な事態から日中武力衝突に発展する可能性が十分ある。

二〇一一年三月一一日の東日本大震災をきっかけに、我々は、啓蒙主義の限界を皮膚感覚で認識することを余儀なくされた。人間の合理的計算で、災害を完璧《かんぺき》に防ぐ体制（システム）を構築することができないことも明らかになった。また、安全に設計されたはずの東京電力福島第一原子力発電所の事故は、未《いま》だに放射能の封じ込めさえできておらず、事故がいつ収束するのかについては、まったく見通しが立たないというのが現実だと思う。なぜこのようなことになるのか。「我々が危機を直視していない」というのが、私の率直な見解だ。

太平洋戦争後の日本人の世界観のいわば背骨となった「合理主義」「個人主義」「生命至上主義」では危機を克服することができないという現実に我々は気づいている。しかし、どうやればよいか具体的な処方箋《しょほうせん》を書くことができない。そのために、奇妙な妖怪《ようかい》が日本を徘徊《はいかい》する事態になっている。その妖怪の名は、反知性主義だ。

反知性主義とは、「合理性、客観性、実証性を軽視もしくは無視し、自分に都合がいい断片的事実や根拠のない伝説をつなぎ合わせて作った物語を信じるという態度」を指す。高等教育を受けていても、反知性主義的主張をする人は少なくない。それは、高等教育の基本にある合理性、客観性、実証性とは別のところから反知性主義が生まれるからだ。

反知性主義者は、「状況はよくわからないけれども、ぼく（わたし）の言っていることが絶対に正しい」という幼児性を脱却しない心理に囚《とら》われている。それだから、理性や事実など知性の言葉で反知性主義者を説得しようとしても無駄だ。反知性主義者が知性自体を信じず、憎んでいるからだ。

それでは、いつから反知性主義という妖怪が、日本社会、特に政界を徘徊するようになったのであろうか。私は、二〇一二年一二月の民主党から自民党への政権再交代と第二次安倍《あべ》晋三《しんぞう》政権の誕生が転換点だったと考えている。

二〇〇六年九月から翌年九月まで続いた第一次安倍晋三政権は、「美しい国づくり」「戦後レジームからの脱却」を前面に掲げ、歴史修正主義的傾向を顕著に示した。しかし、安倍氏の内政、外交はともに現実主義的で、靖國《やすくに》神社参拝を行わず、小泉《こいずみ》政権時代にこじれた日中関係、日韓関係の正常化にかなりの程度成功した。また、内政的には郵政民営化に反対し、自民党を除名された国会議員の復党を認めた。これらはいずれもポピュリズムに反する政策だった。このため政権支持率が急落した。それに閣僚不祥事と安倍氏自身の健康問題が重なり、政権は自壊した。

この経験から学んだ第二次安倍政権は、徹底したポピュリズム政策を取っている。特に株価と内閣支持率を結びつけるというマジックに政治エリートとマスメディアが引っかかってしまった。マルクスが『資本論』で喝破したように、株は擬制（架空）資本に過ぎない。株自体は、何の価値も生み出さない。そもそも資本主義は生産を基本とする運動によって利潤を獲得していく。これを現実資本の運動と言い換えることも可能だ。「持っているだけで儲《もう》けになる」という株は、現実資本から株式資本に利潤が移転しただけの擬制資本に過ぎない。こんな簡単なトリックで世の中を動かそうとしているところに反知性主義の特徴がある。反知性主義の影響が拡大すると、主観的に日本人が危機から抜け出そうと真摯《しんし》に努力すればするほど、より大きな危機を招くことになる。

現下の危機を等身大で認識する必要があると考え、私は、二〇一三年一〜三月、朝日カルチャーセンター新宿《しんじゅく》教室で「歴史とは何か」と題する四回の連続講義を行った。カルチャーセンターという場を用いたのは、参加者との双方向性を担保したいと思ったからだ。そしてそのときの講義記録を、あえて二年かけて、何度も見直し、再構成してできたのが本書だ。

繰り返すが、知性自体を信用せず、かつ憎んでいる反知性主義者を理性や事実など知性の言葉で説得しようとしても無駄だ。それだからと言って、ニヒリズムに陥り、社会に背を向けてしまったら、現実の日本社会が反知性主義者によって席巻《せっけん》され、粗野な新自由主義的な資本の論理によって、人間が疲弊してしまう。反知性主義者との闘いには迂回《うかい》戦術が必要になる。知性によって裏付けられたユーモア、ときにはアイロニー（皮肉）を用いることによって、我々一人ひとりが社会的にどのような位置にいるかを知ることである。本書は、第一講「歴史とは何か」、第二講「歴史と人間」、第三講「ヒューマニズムとは何か」、第四講

「近代〈モダン〉とは何か」という構成になっている。この順番で読んでいただければ、途中で内容がわからなくなることはない。

本書の内容を踏まえ、より先に進みたいと感じた人は、拙著『宗教改革の物語　近代、民族、国家の起源』(角川書店、二〇一四年)、『いま生きる「資本論」』(新潮社、二〇一四年)を手にとってみてほしい。

佐藤　優

二〇一五年一月一日　曙橋(東京都新宿区)の仕事場にて

第一講 歴史とは何か

危機は事後的にわかる

「歴史とは何か」というテーマでお話ししたいのですが、サブタイトルを付けたいと思います。「二人の天才を通じて危機突破について考える」です。

なぜ二人の人間を通じて、なのか。なぜ危機突破と入れたのか。

政権再交代がありました。安倍晋三《あべしんぞう》政権は危機突破を一つの大きな目的に掲げていますが、もう危機は起きています。二〇一三年一月二日の「ニューヨーク・タイムズ」に、安倍政権の歴史修正主義、河野《こうの》談話の見直し、村山談話の見直しは韓国やフィリピンを激昂《げきこう》させ、さらに今後の北朝鮮との核開発、ミサイル問題においても深刻な影響を与えるだろうと、率直に言って恫喝《どうかつ》社説が出ています。

より注意しないといけないのは、一月四日付の「インターナショナル・ヘラルド・トリビューン」（現「インターナショナル・ニューヨーク・タイムズ」）にその記事が転載されていることです。「ヘラトリ」に転載されるとはどういうことか。アメリカだけではなく、中南米、アジア、中東、ロシアにもヨーロッパにも、全世界に知れ渡るということです。「ニューヨーク・タイムズ」とオバマ政権のスタンスは重なります。つまり、オバマ政権は安倍政権に対する基本的なスタンスをこれで示したわけです。

さらに、韓国との関係は非常に緊張しています。靖國《やすくに》神社の門に放火したと自供している中国人犯罪者を韓国は拘束しましたが、日・韓犯罪人引渡条約があるにもかかわらず、政治犯という認定をして中国に送還しました。韓国は、靖國神社の施設に火を付けることは政治犯罪である、よって刑事罰の対象にすべきではないと、国家としての姿勢を示したわけです。日韓関係の新時代どころではありません。相当深刻なことが起きている。

それにもかかわらず、認識は非常に甘い。こういう危機を一つ一つ突破していかないといけないのに、危機突破内閣と言いながら、危機をまず危機として認識していない。こういう状況が生じてしまっています。しかし、これは別におかしなことではありません。危機はだいたい事後的にわかるのです。「あのときは危機だった」とは、危機を克服したときにだけわかる。なぜか。危機を克服できないとそのまま破滅してしまうからです。危機だったかどうかという反省ができる機会すらなくなるわけです。

危機を切り抜けているのが世界宗教だ

この危機の時代を理解するために、私は今回二人の人間を具体的に取り上げます。一人はエルンスト・トレルチで、もう一人は田辺元《たなべはじめ》です。いずれも一九世紀後半から二〇世紀にかけて活躍した優れた知性の持ち主ですが、いまはほとんど忘れ去られています。しかし、危機を考える場合、この二人を考察することは非常に重要です。

今日は大きく分けますと、全体の総論を話してから、トレルチの入口に入ったところで第一講は終わると思います。皆さんの反応を見ながらトレルチの部分をどれぐらい延ばすかを決めます。そして田辺元に移行するポイントを考えます。

まず参考文献から説明しておきます。田辺元や現代の神学的なことをわかりやすく書いているのは、私が上梓《じょうし》しました『同志社大学神学部』です。神学部時代の回想というかたちを取っていますが、実際に目的としているのは、現代神学への入門です。神学的な考え方を読みやすいように書くことに非常に力を入れてつくりました。今日の講義がまるでわからない、ということはないと思いますが、わかりにくいところがあったり、もう少し神学的な思考について知りたいと思われたりしたら、読んでみてください。

なぜ神学的な思考が重要か。それは、危機を突破するために神学は非常に重要だからです。というのは、神学は何度も危機を突破してきているからです。危機は、その時代ごとにあります。古代には古代の危機がある。中世には中世の危機がある。近代には近代の危機があり、現代には現代の危機がある。この危機を切り抜けているのが世界宗教です。ユダヤ教もそうだと思います。ずっと続いている宗教は、それだけ危機を切り抜ける知恵を内在しているのです。

今日のメインテーマになるエルンスト・トレルチですが、全一〇巻の著作集が出ています。

ヨルダン社という会社から出ていたのですが、会社がなくなってしまったので、トレルチ著作集の入手は非常に難しいです。昨日、「日本の古本屋」でチェックしたところ、一〇巻で六万八〇〇〇円でした。これはかなり安いです。この前までは二〇万円でした。ドイツ語版のほうが安いぐらいです。ドイツ語版のオリジナルは四巻の著作集がありますが、さほど苦労しないで手に入ります。四万円ぐらいでしょうか。

トレルチの『歴史主義とその諸問題』は、いい英訳が出ています。アマゾンのアメリカの古本屋から手に入れれば、送料を含めて汚いものでよければ三〇〇〇円ぐらいであります。近藤さん、小林さんの訳、いずれも非常にいい訳です。どちらも買って損はないでしょう。トレルチは現代神学というよりも、近代最後の神学者と考えたほうがいいと思います。それは、普通に文意が読んでわかるからです。理屈を追っていけば誰でもわかるような内容の本なので、買ったけれども全然わからない、ということはありません。

それから田辺元の『歴史的現実』。これは一九四〇年に岩波書店から出て大ベストセラーになりました。特攻隊の青年たち、学徒動員の人たちは、この『歴史的現実』をポケットの中に入れて突っ込んでいった。読むとわかりますが、個々人の生命は有限であるが、悠久の大義、国家のために命を捧《ささ》げるならば、それは永遠になるという論理を、『歴史的現実』から導き出したわけです。

ドイツの学徒動員の学生たちも同じような本を持って戦場に出向きました。ただし厚さは『歴史的現実』の数倍ありますが。それは、マルティン・ハイデッガーの『存在と時間』です。『存在と時間』のような機能を日本で果たしたのが、『歴史的現実』です。ただし田辺元が『歴史的現実』を発表したのは一九四〇年。一九四一年から戦後まで、彼は何も書いていません。ほとんど大学の講義以外の公開講演はしていません。

一九四四年、昭和一九年になって「懺悔道《ざんげどう》」について講演をします。すでにその時点で戦争にどうして負けたのか、田辺元は真剣に考えるわけです。そして、よく考えてみたら私は間違えていたという、『懺悔道としての哲学』という本を戦後に出すのですが、これまた大ベストセラーになります。岩波書店は『懺悔道としての哲学』など田辺が戦後に出したものは復刻しています。ところが『歴史的現実』は大ベストセラーになったにもかかわらず、復刻していません。

戦時体制に協力した本を、岩波は復刻しない傾向が強い。たとえば京都学派の高山岩男《こうやまいわお》の『世界史の哲学』も、一九四二年に岩波書店から出ていたのですが、復刻していません。オットー・ケルロイター・ミュンヘン大教授の『ナチス・ドイツ憲法論』という本も出ていましたが、復刻されていません。

人殺しの思想の前提には、自己犠牲が入っている

『歴史的現実』は、二〇〇一年にこぶし書房という、皆さんがあまり聞いたことがないであろう出版社から出版されています。革マル派（日本革命的共産主義者同盟革命的マルクス主義派）系の出版社です。解説を書いているのが、革マル派の指導者の黒田寛一《かんいち》氏。なぜ『歴史的現実』が革マル派に強い影響を与えたのか。これも面白いテーマです。

ちなみに革マル派や中核派（革命的共産主義者同盟全国委員会）、あるいは革労協（革命的労働者協会）、つまり社会党・社青同（日本社会主義青年同盟）解放派ですね。これらの指導者たちの思想はすごく重要です。なぜならば、人を殺す思想をつくったから。本物の思想は、人を殺すのです。人を殺すぐらいの力がないと、思想としては実際の力を持ちません。人を殺す思想とは、殺人を奨励するような思想ではありません。それは、思想を受け取る人間を、大義名分のため、その思想のために自分の命を捧げるという気持ちに、必ずさせるのです。自分の命を捧げるということは、自分の命を大切にしない人となるということです。そういう人は、他人の命はもっと大切にしない傾向が強い。人殺しの思想の前提には、必ず自己犠牲が入るのです。

こういう観点からしても、新左翼系の極端な思想と、田辺元をつないでいく回路があるのです。黒田寛一や中核派の指導者の本多延嘉《のぶよし》、あるいは社青同解放派の指導者中原一《はじめ》などの

本は、私より一〇歳ぐらい上の世代の大学生たちはだいたい読んでいます。ところが、強い影響を与えているにもかかわらず、学術論文などで引用されることは絶対にない。どうしてか。それは引用すると色が付いていると見られるからです。二〇年ぐらい前でしたら、「おまえ、こんなもの肯定的に引用しやがって」となり、そこのセクトの人間じゃないかと疑われ、他のセクトが殺しに来たわけです。殺されるのが嫌だから、みんな引用しませんでした。その結果、隠れた思想になってしまったのです。

戦後新左翼運動の中で、非常に強い影響力を持ったリーダーたちの思想は、今読み直してみる必要があると思います。隠れた思想にしてしまったことには、太平洋戦争の際に思想を封印してしまったのと同じような問題が潜んでいる。思想の構造から見ると、一九三〇年代の日本の思想と七〇年前後の新左翼運動の思想は、構造が似ているところがあるのです。そのあたりを上手に整理しているのは、もう亡くなられていますが、東大教養学部の教授だった廣松渉《ひろまつわたる》さんです。専門は科学哲学ですが、本人も共産主義者同盟の活動家ですから、彼はその問題を生涯ずっと引っ張っていた感じがします。

田辺元は『哲学入門』という、すごくいい本を戦後に書いています。これは原子力の問題なども扱っています。原子力とお笑いの関係。原子力の時代になり原爆が出てきて、人類が人類を破滅させる力を持つのと同時に、ラジオでお笑い番組がものすごく流行《はや》り始めている。

ベルクソンの笑いに関する議論なども使いながら、面白い議論を展開しています。頭がものすごくいい。

この田辺元の理論を使いながら、現代思想の世界で影響力を持っているのが、中沢新一《なかざわしんいち》さんです。中沢新一さんは、初期から田辺理論の影響を非常に受けていたと思うのですが、それを表に出すようになったのは比較的最近です。集英社から『フィロソフィア・ヤポニカ』という本を出し、ゲーデルと田辺元の関係などについて書かれています。今は講談社学術文庫に入っている本です。田辺を再評価しているのですが、田辺元の流儀を用いて彼はレーニンやチベット仏教も解釈しています。

絶対に空襲されない場所が二ヵ所あった

田辺元は一九四五年、昭和二〇年の三月に京都大学を退官します。その後、軽井沢《かるいざわ》に隠棲《いんせい》します。軽井沢から東京に下りてきたことは、確か一回しかないはずです。軽井沢から出ませんでした。彼自身は「あれだけ全世界を敵に回して戦った日本人がアメリカ人の尻尾《しっぽ》にくっ付いてぺこぺこしてる姿を見たくなかった」というようなことを言っています。しかし、田辺元という人は、頭の回転は非常に速いのですが、どうも人間としては信用できないんですね。軽井沢にいたということ自体が信用できない。どうしてか。

一九四五年三月一〇日に何がありました？　東京大空襲です。日本のあちこちの都市が空襲されているんです。絶対に空襲されない場所は二ヵ所しかなかった。箱根と軽井沢です。なぜか？　各国の公使館、大使館があったからです。箱根の強羅《ごうら》にはソ連大使館がありました。このソ連大使館をモデルにしたのが、井上ひさしさんの『箱根強羅ホテル』という戯曲です。なかなか面白い作品です。それから畠山清行《はたけやませいこう》氏の「陸軍中野学校」シリーズにも出てきますが、スイスの公使館は軽井沢にありました。

戦時国際法で、外交団が避難している場所はスイスを通じて、あるいはスペインを通じて、日本はアメリカ政府に連絡します。ここに中立国の大使館があります、と地図を渡します。アメリカはそれを踏まえて、その地域は絶対に攻撃しません。ちょっと戦時国際法に関する知識があれば、絶対に安全な場所は軽井沢と箱根だとわかるわけです。だからその時期に箱根・軽井沢はリゾートとして非常に発達する。金持ちはみんなそこに逃げたからです。

私の尊敬する元上司で、現在は京都産業大学の客員教授をしている東郷和彦《とうごうかずひこ》さんは、軽井沢生まれです。おじいさんは東郷茂徳《しげのり》外務大臣なので、子どもを軽井沢に疎開させていたわけです。絶対に攻撃されないから。一九四五年、四六年ぐらいまでで軽井沢生まれという人を見た場合は、その方の親は非常に情報に通暁していたということです。

さて、田辺元は、その後哲学書の発表などはせず、地元の中学校の先生、小学校の先生を相手に哲学教室を行います。哲学教室の内容を劇作家の唐木順三《からきじゅんぞう》などが書き取り、それをちくま新書から『哲学入門』として出したところ、これまた戦後の大ベストセラーになるのです。すごくわかりやすくていい本です。同じものを単行本に収録して一九六六年に筑摩《ちくま》が出していいます。古本屋ではこれもバラツキがあり、安いときは一〇〇〇円ぐらいですが、高いときは八〇〇〇円ぐらいします。どういうときにあたるかでだいぶ値段の違う本です。

それから歴史について、現代史について知るときに、絶対に避けて通れないのが、ドイツ語読みでゲオルク・ルカーチ、ハンガリー語読みだとジェルジ・ルカーチの『歴史と階級意識』です。特に「物象化とプロレタリアートの意識」です。

ルカーチはハンガリー系のユダヤ人、ユダヤ系のハンガリー人と言ったほうがいいかもしれません。マックス・ウェーバーの弟子ですが、マルクス主義の影響をどんどん受ける。一九一八年のハンガリー革命の翌年には文部大臣になります。そのあと死刑判決を受けるのですが、トーマス・マンたちを中心に西側の学生たちが「あの頭脳を潰《つぶ》してはならん」と、みんなで救援活動をするわけです。その結果、死刑を免れて書いた作品が、この『歴史と階級意識』です。

ただし恐ろしく難しい。難しいのは、表現主義という方法で書いているからです。表現主義というと映画のほうが有名ですが、一言で言うとびっくりさせるような言葉、びっくりさせるような表現を多用することです。普通の表現だと印象に残らない、ということです。
たとえばだいぶ前のコピーですが、「おいしい生活」と糸井《いとい》さんがコピーをつけたときは、おいしいと生活はつながらないのにどういうことだろう、とびっくりしたわけです。異化効果がある。そのような言葉だけを並べてつくったのが『歴史と階級意識』です。シュールレアリズムも表現主義の一部と言えるでしょう。

こういう方法で書いた場合、非常に読みにくい。だから読み解きをする人といっしょに読まないと読めません。逆に、この表現主義的な方法を身に付け、そこから意味を読み取る読解術を身に付けておくと、ドイツ系、スイス系のものの、かなり複雑なテキストでも自力で読めるようになります。そういう入口として、ルカーチはいろんな人が研究していますから、いい。

ちなみに、最近長崎浩《ひろし》さんが作品社から『革命の哲学』という本を出しました。ルカーチについても面白いことを書かれています。この人は医療倫理などで活躍していますが、もともとは共産主義者同盟（ブント）の活動家です。思想家として優れていると思います。

さて、ルカーチの『歴史と階級意識』は、一般に福本和夫《ふくもとかずお》に非常に強い影響を与えたと言われています。実際そうです。福本和夫は戦前の地下共産党の指導者です。福本和夫の息子は、非常に有名な自民党のフィクサーで、画廊をやっていました。確かお孫さんはＴＢＳの記者でした。

福本和夫自身はルカーチの『歴史と階級意識』の論理と、レーニンの『なにをなすべきか』、その二つの本を引っ提げて、ドイツ留学から日本に戻ってきました。そして「結合の前の分離」ということを言う。労働運動などに結合するよりも先に、前衛、優秀な人たちが大衆から分離する。そして運動のレベルを上げて引っ張っていかないといけないんだ、という発想を持つようになっていくのです。

前衛思想はビジネスに使われている

この前衛思想をずっと維持しているのが、読売新聞の渡邉恒雄《わたなべつねお》さんです。彼の『反ポピュリズム論』、これはなかなかいい本です。福本和夫の考え方と、まったく構成はいっしょです。渡邉恒雄さんの中で常に変わらないのは、前衛思想です。魚住昭《うおずみあきら》さんが『渡邉恒雄 メディアと権力』で的確に指摘しています。前衛思想は組織を引っ張っていく上では、非常にいい。一言で言うと、頭脳の部分が我々だ、あとはつべこべ言わずに従え！

私は日本独自の技術を尊重するので、ガラパゴス携帯を使っていますが、先般、更新してきました。携帯ショップの従業員はたいしたものです。おそらくは二〇〇～三〇〇ページのマニュアルを完全に暗記している。薦めるときはこう言って、それを断られたら次はこれを出してと、全部マニュアル化されている。マニュアルを作る指導部が前衛です。あとの手足は、状況はよくわからなくても、つべこべ言わずにマニュアルを全部覚えろ、こういうやり方でしょう。これは前衛思想がビジネスの世界に使われている例です。

パソコンや携帯電話、kindleが壊れた、調子がおかしいとサポートセンターに電話をすると、そこにいる人たちは技師ではありません。詳細なマニュアルを覚えている。もっと言うとマニュアルのどこから引っ張れるかについての知識がある。目の前のディスプレイを見ながら、対応している。

そういったところにいくら長くいても、能力は絶対に身に付かない。前衛思想の怖いところは、結局前衛以外の部分、後衛の部分をすべて部品、代替可能なものにしていく発想にあるわけです。その前衛的な考え方、人をモノとして見なしていく考え方、その構造はどういうふうになっているのかが、この『歴史と階級意識』を読むとよくわかります。それを「物象化」とルカーチは名づけたのです。

先の長崎浩さんの『革命の哲学』が優れているのは、「これは私の推論だが」と留保していますが、ルカーチの影響を強く受けているのは福本和夫だけでなく、宇野弘蔵《こうぞう》だと指摘している点です。宇野弘蔵はドイツから帰ってくる船の中で福本和夫といっしょだった。一ヵ月以上船の中で話して、ルカーチの影響を受けた。だから宇野経済学というかたちで、資本主義の内在的な論理を見ていくことと、実際の革命運動を切り離していく。宇野経済学の原理論の構成は、ヒックスの『価値と資本』などと構成が非常に近く、市場の中での均衡、動学的均衡モデルになる。新古典派の近代経済学と非常に近いモデルです。そうなるのは、実は物象化を宇野は知らず知らずの内に身に付けていたからだと。「推論」と言っていますが、非常に優れた指摘です。

英語と日本語にだけ『教会教義学』は全訳されている

さらに、ユルゲン・ハーバーマスの『晩期資本主義における正統化の諸問題』。これは危機を扱った基本書中の基本書です。危機とは何なのか。ギリシャ語のクリーシスとは分かれ道という意味で、それは峠を指す。そしてこの峠は、乗り越えれば目的地に着くものだ。たとえば病気の峠であれば、峠を克服することができれば命を維持することができる。しかし失敗すれば破滅する。こういうように、危機についての解き明かしをきちんと最初にしている。

晩期資本主義という概念はどういうことか。これは福祉国家です。資本主義国家は結構頭がいい。生き残る能力がある。貧困などが出てきて労働者が弱くなると、資本主義社会も弱くなってしまうことがわかっている。それだから、資本主義社会はそれ自体がどんどん変容していく力があると。しかし晩期資本主義という言い方は、いつか資本主義体制は終わるんじゃないかという含みを持たせています。非常に優れた本です。

これは人気があり、古本屋ではなかなか手に入りません。ドイツ語だったら一〇〇〇円ぐらいですが、日本語だと五〇〇〇円を超えています。ですから見つけたらすぐに買ったほうがいい（二〇一八年に岩波文庫より、新訳が『後期資本主義における正統化の問題』という題で刊行されたため、入手しやすくなった）。

嫌いだ、嫌いだ、ハーバーマスはろくでもない奴だと言いながら、意外とその影響を受けているのが柄谷行人《からたにこうじん》さんです。柄谷さんの『世界史の構造』や『世界共和国へ』を理解するためにも、このハーバーマスの「晩期資本主義」論は非常にいい。

最後に、今日はこぶし書房の田辺元の『歴史的現実』ともう一冊持ってきました。カール・バルトの『教会教義学　神の言葉Ⅰ／1　序説／教義学の規準としての神の言葉』です。これは極めて難解ですが、面白い。ただ、むやみやたらとは薦められない。一万二六〇円。一万円で買ったけれど、最初の三ページで挫折《ざせつ》したと後で言われると嫌なので先回りしますが、極めて難解です。しかし、ちゃんと読みこなす力が付いていれば、すごいいい本です。『教会教義学』はクソ難しい本です。これを読みたいがために、ドイツ語を勉強するスペインの学生やイタリアの学生、フランスの学生が山ほどいます。ロシアの学生にもいます。ところが日本語には全部訳されているのです。『教会教義学』の全訳がなされているのは、英語と日本語だけです。しかし英訳は違う本になってしまう。翻訳文化が違うからです。『教会教義学』やマルクスの『資本論』の英訳は、意味を訳すイギリス人の状況から考えたところで、意味を訳す、ということです。思いっきり行なんか替えていますし、イギリス人のわからないところは飛ばしちゃうわけです。ちなみに戦前の日本の文学全集も、ほとんど編集者がつくっています。新潮社の世界文学全集は、編集者のほうが翻訳者よりも一生懸命仕事しているようなもので、わからないところは全部飛ばすか、適宜話を追加するかたちでつくってしまっています。イギリスの翻訳はそういう傾向が今でも強いです。ただ、意味を訳すだけでしたら、それでもいいのかもしれません。しかし英訳で『教会教義学』を読んでも、もう一回ドイツ語の原文に当たらないといけません。

ところが日本語の『教会教義学』は、日本語ではわけがわからないのですが、ドイツ文と照らし合わせてみると非常に正確に訳されています。教科書ガイドの日本語訳みたいな感じです。読んでいるだけでドイツ語を想像することができる。しかもまた御丁寧なことに、ちょっとわからない言葉があると、全部ドイツ語を差し挟んでいるんです、文中に。全体の八分の一ぐらいがドイツ語になっています。明らかにドイツ語を参照しながら読むことを前提につくっている本です。こういうものをつくってくださると非常に助かる。

版元の新教出版社は小さな出版社ですが、私は経済的な感覚なしに応援しています。ヨルダン社がなくなり、それからカトリックの中央出版社も名前は消えてしまいました。新教出版社と中央出版社は、戦時下にできた出版社です。日本のキリスト教に出版社がいくつもあるのはけしからん、カトリックは中央出版社一社にして、プロテスタントは新教出版社一社にしろと。正教会はもう出版社なんか持たなくていい。そういう歴史のせいで、出版社がありません。また、中央出版という戦時合同の名前は嫌だということで、サンパウロ社となっています。

新教出版社は戦後に分かれますが、本体はきちんと維持されています。『教会教義学』もオンデマンド版でも出しています。全巻揃えると三〇万円ぐらいすると思いますが、揃えるだけの価値はあると私は思っています。

取り組んだほうが良い言語、ギリシャ語

さて、今日挙げた文献はこれだけあります。私がやろうとしている講座二回分、四時間ですが、大学院での通年講義の量を処理しようと思います。九〇分授業で三〇回分、それを四時間に圧縮するので、わからないことがあっても当然です。思いっきり飛ばすので、わからないところがあったら後で聞いてください。今まで窓口は講演のときしかなかったので、新

しい窓を開けました。有料メールマガジンを始めました。最初の一ヵ月はただですから、その間に質問だけしてください。質問には全部答えています。

有料メルマガは、有益なものとは当初は思っていなかったのですが、うれしい誤算でした。ネットでお金を払うことには、すごく抵抗感があると思います。よほど損益を考えた人しか入ってきません。そうすると、そのコミュニティの質は高くなってくるのです。ライブドアニュースの「眼光紙背」だと、読んでもないのに「このヤロー、早く死ね」といったコメントがたくさん来ます。ものを読まない人たちの場では、いくらコメントが八〇とか一〇〇とかあっても、まったく意味がない。答える気もほとんど起きません。有料メルマガの場は、活用したいと思っています。

さて、危機は時代ごとにそれぞれの危機を、それぞれの枠組みを持っています。危機は臨界で生じるものです。少し繰り返しますが、危機はギリシャ語のクリーシス、分かれ道、峠という意味です。

ちなみに、ギリシャ語はぜひ皆さんやられたほうがいい。しかしギリシャ語は大変です。"It's Greek to me." と言ったら、「何のことか意味がわからない」という意味ですから。ところが、ギリシャ語のアルファベットを読めるようにすることと、簡単なギリシャ語の言葉を覚えることだったら、『CDエクスプレス現代ギリシア語』や『CDエクスプレス古典ギリシア語』があります。最初の三課ぐらいを処理すれば、十分対応できます。哲学書を読むために最低限必要とされるギリシャ語知識、その習得に必要とされる時間は、一五時間か二〇時間ぐらいです。それぐらいの時間は捻出《ねんしゅつ》できるものです。

もっとも、この中で大学の第二外国語を取られた方たちの平均的な学習時間は、三、四時間でしょう。試験直前にどのへんが出そうかと集中して机に向かう。それ以外は、出席がたるいなあと。もう最初の三回ぐらいでわからなくなっていますから、わからない授業にただ座っているという、ほとんど意味のないかたちで二年間外国語をやってしまう。結果として得られるのは、外国語は嫌いだという感情。ああいう授業はまったく意味がありませんが、フランス語やドイツ語の先生を養わないといけませんから、大学も。語学の教師を養っておかないと、歴史や哲学をやる裾野《すその》が広がりませんから、これはハローワークといっしょで必要なのです。

ただ、語学の勉強の仕方としてはまったく意味がない。私が昔いた外務省は、本当にリアリズムの役所です。大学の語学は全然信用していません。事実、私も研修指導官をやって気づきました。ロシア語を一番できない人は、大学の第二外国語や第三外国語でロシア語をやった人でした。だいたい教師がロシア語をよく知らないで教えている例が多い。わからないことを教えられないですからね。そして学生もやる気がない。間違えた知識、変な文法で基本的なところを間違えているため、矯正するのに時間がかかってしまいます。水泳で間違えたフォームを覚えていると、それを直すのにすごい時間がかかるのと同じです。

だから、ロシア語をまったくやっていない人のほうができました。もしくは東京外大や上《じょう》智《ち》大でロシア語を専攻している人たち。

いわゆる帰国子女は、実はあまりできません。どうしてかというと、日本語力のほうで難が出てくるから。旧TOEFLは、帰国子女だと六二〇ぐらいみんな取れました。今の新TOEFLでどれぐらいかな、一一〇ぐらいかな。しかし、英検二級を取れなかったりする。英検はすごく重要。日本語を英語にする、英語を日本語にする翻訳能力が問われるからです。なんとなく頭の中でわかっているとか、反射神経で対応できるレベルだと、英検には歯が立たない。英検準一級以上であれば、外交官としても、商社員としても十分対応できます。英検一級になると、むしろ職人芸に近くなってきますので、英検準一級は非常によくできています。

それと同じくよくできているのが、大学センター試験の英語です。大学センター試験の英語は択一式ですが、英語の総合的な知識と翻訳能力がないと、八五％以上は取れません。だから大学センター試験で九割程度を取れるところを常に維持していれば、英語に関しては問題ない、まったく。ですから、学校英語は意味がない、学校英語は役に立たないというのは大きな間違いで、そういう人に限って高校レベルの英語で欠損があるのです。今の日本の英語教育では、大学入試の地点が一番高い。その後どんどん落ちていく。そういう制度になってしまっている。英語に関しては高校英語をマスターしておく。マスターしたかをチェックできるのは、大学センター試験です。センター試験さえ押さえておけば、少し語彙《ごい》を増やせば十分実用英語に対応できます。

陰謀論は間違えたかたちで危機を克服する方法

話を戻しましょう。我々の時代の危機の枠組みは何か。それは近代です。間違えたかたちで危機を克服する方法も当然あります。それは、陰謀論、陰謀史観です。とりあえず解決は得られた、と考えてしまう。二〇一二年の大きな特徴は、孫崎享《まごさきうける》さんの大陰謀史観の『戦後史の正体』がベストセラーになったことです。アマゾンの書き込みを見る限り、本当に基礎教養レベルで日本は深刻な問題を抱えていることがわかります。

この前、佐高信《さたかまこと》さんと会った際に、『戦後史の正体』の話になりました。佐高さんは辛口評論家ですが、本読みです。「孫崎のあの本は粗いしひどいなあ」と。都知事選に出た宇都《うつの》宮《みや》さんが「素晴らしい本が出た」と孫崎さんの本を評価していたといわれた。私はそれを聞いた瞬間に「うん、落選するのは当然だ」と。知識人としては宇都宮さんも猪瀬《いのせ》さんもだいたい似たような部類です。

いわゆる陰謀論者でも、その言説はピンからキリまであります。たとえば、一九五〇年代末から六〇年代にトロツキーの理論を紹介し、新左翼運動に強い影響を与えた太田龍《おおたりゅう》さんの場合、晩年は、「現在のアメリカの指導者や、ウォール街の金融資本家たちは爬虫類《はちゅうるい》から進化したものだ。そして爬虫類が世界を支配している」という陰謀論を唱えました。

あるとき、私は作家の副島隆彦《そえじまたかひこ》さんと、太田龍さんの著作の編集をしている人と同席したことがあります。副島さんは、『陰謀論とは何か　権力者共同謀議のすべて』という本を出しています。副島さんは、陰謀論というと不正確だから、権力者共同謀議と言い換えるべきと主張します。アメリカのロックフェラー財閥を始めとする超エリートたちが、共同謀議によって世界を動かしているというのが副島さんの作業仮説です。副島さんが、太田さんを担当する編集者を、「太田龍やあなたは、アメリカの指導者やウォールストリートの連中が爬虫類だなんていうトンデモない荒唐無《む》稽《けい》な陰謀論を流布しているがけしからん。こういう陰謀論は、実は世界をロックフェラーたちが権力者共同謀議で支配していることを隠蔽《いんぺい》するための陰謀だ」とかなり激しく詰《なじ》りました。最初、編集者は黙って話を聞いていましたが、だんだん興奮して、耳たぶまでが真っ赤になりました。そして、この編集者は副島さんの方を向いて凄味《すごみ》のきいた声でこう言いました。「副島先生は、本当にホワイトハウスやウォールストリートの連中が哺乳類《ほにゅうるい》だと思っているのですか。哺乳類にあんな残虐なことができると思っているのですか」

私はそのやりとりを横で聞きながら、「本物はすごい」と思いました。私は、爬虫類が人類を支配しているという類《たぐい》の陰謀論には一切与《くみ》しません。しかし、副島さんの唱える権力者共同謀議については、そういう現象は確かにあると思います。私自身が、その類の権力者共同謀議をクレムリン（ロシア大統領府）で見たことがあるからです。もっとも現実の政治や経済には、さまざまな力が働くので、「こういう風にしたい」と思って共同謀議を行った権力者が想定したものとは異なる結果になるのが普通です。

他にも、副島さんは人類が月面に到達していないと主張した本で、トンデモ本大賞を取りました。正確に言うと「人類は月面に到達していないだろう」説という、説として唱えています。副島さんは対談の最初にこちらに問いかけます。「アポロは本当に月面に到達したと思いますか」と。副島さんは、アポロは月面に到達したとは言っています。しかし着いたときに粉々になっているから、人類は到達できるはずがない。あれはネバダ砂漠で撮った特殊映像だという立場です。

この問題をクリアしないと、彼は対談に応じてくれません。「私はキリスト教徒ですから、死者からの復活を信じています。ですから人類が月面に行ったということぐらい信じます」

と。そうしましたら「うん、信じるか信じないかっていう問題だったらよろしいでしょう」と、許していただいた。私は神学を学んでいるので、針の上で天使は何人踊れるかなど、そういうような論争にはよく慣れていましたから。彼は頭のすごく切れる人で、読書人なので、対談をしているととても面白い。知的刺激を受けます。

とはいえ、陰謀史観の問題はどこにあるのか。陰謀論の中味にまで踏み込んだ批判を滅多《めった》にしませんが、孫崎さんに関しては、実証的な批判をしておきました。その原稿は「伝統と革新」という、たちばな出版から出ている雑誌に寄稿しました。

「伝統と革新」という雑誌の編集をしているのは、新右翼の系統の四宮正貴《しのみやまさき》さんです。孫崎さんの論文と、私の孫崎批判の論文がいっしょに並んで出ました。彼の日中漁業協定に関する言説、これはちくま新書から彼が出した日本の国境問題に関する本ですが、どこが間違えているのかを。また、ダレスの恫喝によって日本政府が二島返還の立場を変えたといっていますが、これは事実ではなく、日本政府は独自の判断で変えています。そういった点を、本当に細かく書いて説明しておきました。

陰謀史観に対抗できるのは、健全なユーモアと笑いだ

陰謀史観の問題は、インプットとアウトプットが直線ということです。我々の世界は断絶

があるし、複雑です。複雑系についてきちんと理解していれば、陰謀史観には陥りませんが、そうでないと、危機の時代には問題解決の一つの方法なので、簡単に陥ってしまう。

ピーター・セラーズが三役をやっている有名な映画で、『博士の異常な愛情』という映画があります。いまは一〇〇〇円ぐらいでDVDが出ています。あれは陰謀史観の典型です。陰謀史観を揶揄《やゆ》するかたちで描いていますが、非常に面白い。アメリカの空軍基地の司令官が、特殊命令を出します。核戦争によってワシントンの機能が崩壊している、だからソ連の国境ぎりぎりに飛んでいるB52に、ソ連の何ヵ所かの要所を爆撃するようにと。

マニュアルによると、ありとあらゆる謀略をソ連側は使うので、三文字の解除コード以外のところと、数字が付いたコード以外のところでは呼び出し命令にも一切応《こた》えないで無線も封鎖して、基地も封鎖せよ。敵はアメリカ軍の軍服を着てやってくるかもしれないとまで書いている。これはとんでもないことになったと大統領が命令を出して、その基地を攻略しようとするのですが、基地の防衛隊の連中は頑張るのです。

カギになる言葉が、PEOです。それはどうしてか。ピーター・セラーズはイギリスの連絡将校と、ナチスから出てきた、ナチスとアメリカの区別があんまりついていないドクター・ストレンジラブという変な博士と、大統領の三役をやっているのですが、作中で将軍が連絡将校のピーター・セラーズに聞きます。「俺がなぜ純粋な蒸留水と純粋なアルコールしか飲まないかわかっているか」と。「いや、よくわからないです」「共産主義の侵略なんだ。それからフッ素なんだ。一九四八年にアメリカの水道水にフッ素が入るようになった。戦後共産主義の侵略と合致する」と。将軍は、「俺があのときだと気づいたのは、女の腹の上に乗っているときだ。エッセンス（筆者注・これは精液です）が弱っているような感じがしたんだ。そのときに、ああ、フッ素の入った水を飲んでいるから共産主義によってやられているということがはっきりとわかった」などと、脈絡のないことを言う。

どうもその理屈からすると、水の中にフッ素が入るようになって、フッ素を通じて国際共産主義がアメリカにも広まっている。だから先制攻撃で共産主義をやっつけないといけない。そのためには多少の嘘をついても構わないと、ソ連への核攻撃を命じた。こういうストーリーです。将軍は最後に自殺してしまう。

連絡将校は、コードを解き、爆撃を止めようと頑張りますが、わからない。将軍のメモで、Peace on Earth（地には平和を）と、Purity of Essence（精液の純粋さ）と書いた紙が残っていたので、ＰＯＥかＰＥＯか、この三文字の組み合わせだと。ほとんどの飛行機は応答しますが、一機だけその前にソ連の迎撃ミサイルの攻撃を受けて通信システムが混乱した飛行機があり、戻ってこない。オチはここでは言いません。

いずれにせよ、アメリカの面白さは、マッカーシズムがあったにもかかわらず、ハリウッドがそれを笑い飛ばすかたちで、しかも核戦争という深刻な話と結びつけて映画にできるということです。陰謀史観に対して有効なのは、実は実証的な批判ではなくて、健全な意味でのユーモアであり笑いです。

「サード・パーティ・ルールをご存じですか」

陰謀論を取っている人たちには、実はユーモアのセンスが非常に乏しい。生真面目なんです。そのためどんどん、どんどんその中に入っていく。特にインターネットは危ない。うちの会社はブラック企業だと思うと、検索してみる。「○○ 店長 ブラック」とか。そうするとブラック企業だという話がたくさん出てきます。こんなひどい上司がいる、こっちにもいると、コミュニティができる。そうすると、実は極端な意見かもしれないのに、いくらでもネットを通じて自分の意見を固めていくことができるわけです。陰謀論にとっては、いいコミュニティをつくれるのです。

しかしこれは、かつてあったセクトや地下活動をしていたときの共産党といっしょです。実は孫崎さん流のアメリカ陰謀論は、ある時期まで日本では主流でした。一九六一年の日本共産党綱領です。アメリカ帝国主義とそれに従属する日本の独占資本、この二つは敵だ。しかし圧倒的に悪いのは、強いのは、アメリカ帝国主義だという考え方です。裏返すと、これは当時の新左翼や社会党左派が批判したのですが、日本の独占資本の責任を免罪している。そう、問題はそこです。外務省の中でも、アメリカの意向があるからと言いながら自分たちの意思を実現しようとしているグループ、これはあちこちにいます。アメリカ陰謀論は、この連中の責任を免罪してしまうのです。

アメリカ人は難しいことはよくわかりません。ただし、よく嚙《か》み砕いて理屈で説明すればわかってくれます。その意味で、アメリカの民主主義は偉大です。アメリカの陰謀とかなんとか言う前に、この陰謀論の陰に隠れている日本の政治エリート、国会議員と官僚。その責任を見ないといけない。陰謀論を唱えると、すべて免罪されてしまう。

特に、孫崎さんは現役のときはＣＩＡ一本の人でした。彼は私の批判はしてきません。「もう本当のことを話してもいいんですか」という話になるのが嫌だからでしょう。あの人はロシア語専門家ですが、早い時期に対ロ交渉から外れてしまいました。

私は北方領土交渉で、ロシアの対外諜報機関《ちょうほうきかん》との関係を深めないといけないと思い、ルートをつくりました。せっかく苦労してモスクワとの間でルートをつくり、警察ともガチャガチャやってビザを出してようやく流れができた。当時、国際情報局長は孫崎さんだったから、courtesy call（表敬）に連れていきました。そうしたら「アメリカは同盟国だから、おめえから聞いた話は明日ＣＩＡに伝える」と言う。そんなことを言うから、ロシア人は「サード・パーティ・ルールをご存じですか」と言い始めてしまって全部組み直す羽目になった。

サード・パーティ・ルールとは、私が山田さんから聞いた話を鈴木さんにしたいときには、山田さんに事前に「鈴木さんにこの話をするけど、いいか」という了承を得る、ということです。サード・パーティ・ルールが守れない人間は、インテリジェンスの世界ではまったく相手にされません。

私はまたモスクワまで出張して、全部やり直しました。当時の外務事務次官に、私は直接相談しました。「マゴちゃんがああいうことを言ってメチャクチャになっています」と。「いい。孫崎はもう飛ばせ」と事務次官に言われました。それから重要な情報は全部彼を飛ばしました。このようなことを始めとして、洗いざらい全部話してもいいのですが、向こうが撃ってきていないところで一方的にやるのは嫌なので、これくらいにしています。

自由主義神学は最後に宗教社会主義にたどりついた

さて、近代とはどういうことか。神様の場所が変わったのが近代のポイントです。神様は近代より前までは上にいました。ところがガリレオ、コペルニクス以降、上や下の意味がなくなった。地球は球体で、太陽の周りを回っているのですから。ブラジルから見ると「下」は、地球の真ん中を突きぬけて飛び出していったら日本列島になりますが、日本から見ると

う話になります。「上」になるので、上とか下に意味がない。そうすると、神様はいないのではないか、とい

　事実、ソ連は戦闘的無神論を言っていた時代があります。戦闘的無神論という時代には、農民を飛行機に乗せました。雲の上に上がっていき、「神様いたか」「いなかった」と。そうして「ほら、やっぱりいないだろ」というのですが、「そうだ、いないな。しかし神様いる感じがするんだなあ」となって、あんまりうまくいかなかった。その内、科学的無神論になります。科学の知識を広げていけば無神論が広まっていき、神様がいなくなると。

　ところが、キリスト教神学には、そういう狡《ずる》さ、危機を切り抜ける能力がものすごくあります。重要なのがシュライエルマッハーです。シュライエルマッハーは、現在手に入る本は少ないです。最近では深井智朗《ふかいともあき》さんの新訳で『宗教について』（『宗教論』）が出ました。古本屋で時たま佐野勝也《かつや》訳の『宗教論』（岩波文庫）、筑摩から出ている高橋英夫《たかはしひでお》訳のソフトカバーが出ています。いずれも名訳なので、見つけたら買っておくことを勧めます。あるいは『独白』という、岩波から出ているもの。それから『神学通論』という本が、教文館から二〇〇九年に出ました。これくらいしか手に入りません。ほとんど大学の哲学史の授業でも出てこない人です。ただし、近代を考える上では極めて重要です。

　シュライエルマッハーは、『宗教論』という本の中で、宗教の本質は直観と感情であると

だとも言いました。最晩年の『キリスト教信仰』という本の中では、宗教の本質は絶対依存の感情だとも言いました。ちなみに、学文社から出ているエリ・ケドゥーリーの『ナショナリズム』という本では、非常に詳細にシュライエルマッハーについて書かれています。シュライエルマッハーは近代のナショナリズムの考え方をつくった人だと。このケドゥーリーの考え方は、非常に正しいです。

神様はどこにいるのか。直観と感情で神様を捉《とら》えるので、神様は心の中にいるのです。心ってどこにあります？　場所を示せますか？　胸？　腹？　頭？　心は場所を示すことはできません。しかし、確実に我々に心はあります。神様の場所を天から心に転換してしまったのです、内側に、内面に。それによってキリスト教神学は、近代的な宇宙観と矛盾しないかたちで神学を展開していくことが可能になったわけです。これが自由主義神学です。

そうすると、心の中と、自分の主観の世界と、神様の区別が非常に曖昧《あいまい》になってきます。結局のところ感情はよく考えてみると、内面ではありません。理性は自分で統御できますよね、理屈だから。よくわからないけどかっとしてしまうというのは、感情の背後にはそれをもたらす外部があるからです。感情というのは外部を想定している、神様を想定していますが、それをだんだんなくして、感情を人間の内側で、人間の統御可能なものにしていくと、神様と人間がいっしょになってしまうわけです。

これは抽象的な議論の話ではありません。自由主義神学が最後に行き着いたところは、宗教社会主義です。特にリッチュルという人が中心になるのですが、人間は神の国をこの地上でつくることができる。人間の内面を発展させ、人間にある同情心、宗教心を強化していけばいい。宗教心の中には同胞を哀れみ、同情する感情がある。科学技術を発展させ、そういうふうにすれば理想的な社会が建設できるはずだと。神の国は、あの世じゃなくてこの世につくることができると、こういう考えになってくるのです。

マルクス主義は、神様を認めませんが、構成としては、この地上にユートピアをつくっていくということです。ユートピアとは、存在しない場所という意味ですが、実現するのだという考え方が出てきたわけです。

それが根本的に崩れるのが、一九一四年の第一次世界大戦です。第一次世界大戦のとき、サラエボでオーストリアのフェルディナント皇太子夫妻を暗殺したセルビア人の青年は、自分の行為があれだけの大量破壊、四年間に渡る戦争のきっかけになるとは思ってもみなかったでしょう。

我々は第一次世界大戦を経験していますから、第二次世界大戦の理由は比較的簡単にわかります。アドルフ・ヒトラーという人がいたからです。あの人がいなければ、ああいうかたちで第二次世界大戦は起きていません。ただ、第一次世界大戦と第二次世界大戦は連続しています。あれは二〇世紀の三一年戦争です。ちょっと戦争と戦争の間に休みがあっただけ。戦争は、訳のわからないところからスタートしているのです。

この戦争はどうやって終わったかというと、圧倒的なアメリカの物量によって終わりました。近代の合理主義では理解できないあの戦争を、近代の合理的な精神がとりあえず封じ込めた。ただ、これは問題の先送りにすぎませんでした。今日の講義のポイントにもなります。

天才に対抗する発想は、預言者

ナショナリズムは近代的な現象です。しかしこれが近代的な現象でなく、永遠のものと見える。それは、内在化してしまった我々の宗教だからです。ナショナリズムの中には、超越性があります。民族のために命を捧げるということは、我々の琴線を揺さぶるのです。

さて、この内部を重視するということと、天才という発想には、すごく関係があります。天才とは、天から授かった才能を持っていると言いますが、その内部にある才能を発展させていくわけです。よく天賦の才が必要と言われるのは、数学です。高校ぐらいで数学が少しできるからと思って理学部の数学科に進んでしまうと、計算が得意とか記憶力がいいということでは対応できない、という事態に直面することになる。

東京大学はたいしたものです。おそらく理科一類には成績の良い連中がたくさん集まってくる。だいたい最初、成績の良い子たちは、理論物理学とかをやりたがります。ところが大学に入って半年から一年ぐらいで気づく。数学に関しては天賦の才が必要だと。そうなると必ず工学部に移れる道があるわけです。工学はそういう天賦の才は必要ありません。高校生あたりでちょっと数学ができるからと理学を専攻すると、大変な間違いをする場合もある。

天才に対抗する発想は何か。預言者です。トレルチも田辺元も、天才であることは間違いない。二人とも非常に豊かな学識を持っていますし、オリジナルな発想を発展させることができるのですが、預言者ではありません。

預言者とは、Prophetes というギリシャ語から来ています。phetes とは、告発するとか語るという意味の phanai の名詞形で、pro は代わりにという意味と、前にという意味があります。本来は代わりに、という意味です。要するに神様の言葉を預かって、それを語る人です。ですから未来で何かあることについて語る。細木《ほそき》数子《かずこ》さんは神様の言葉を預かっているわけではありません。彼女は天体の動きというものを見て、そこから世の中の構造を分析していく手法なので、論理的ですね。神様は論理を超えている存在です。基本的な趣味は怒ることで、よくやりたがるのはジェノサイドですから。こういうのが神様です。その神様の言葉を預かって、人間に伝える仕事をするのが預言者です。

危機を抜け出すときには、論理を超えた存在との断絶性を見ないといけないので、預言者の力が非常に必要になるのです。トレルチには、預言者に対する感覚はわかりませんでした。だからカール・バルトが登場してきたときに、トレルチはバルトの問題意識がわからなかったのです。単なる非合理主義にしか見えなかった。それに対して田辺元は、預言者の持つ意味がわかっている。その意味では、預言者を理解できる天才といえます。論理と非論理の架け橋となる存在ですから、田辺元は重要といえるのです。

田辺元の師匠である西田幾多郎《きたろう》は、本質において預言者です。論理的にはぶっ飛んでいます。小林敏明《としあき》さんが『西田幾多郎の憂鬱《ゆううつ》』という本を岩波書店から二〇〇三年に出しました。非常にいい本です。西田幾多郎の持っていた蔵書などを実証的に確認しています。西田は、実はあまり読んでいない。どの本も最初の一〇〇ページぐらいしか読んでいないのです。語学もどこまできちんとできたか怪しい。特にドイツ語と古典語は。しかし、ある種の字面を眺めているうちに、彼には閃《ひらめ》くものがある。それが、絶対矛盾の自己同一、場の論理、絶対無というような独自の考え方を出していくことになる。

カール・バルトと西田幾多郎は、発想において非常に近いところがあります。気がついたのは、九州大学の先生だった滝沢克己《かつみ》です。滝沢克己の『カール・バルト研究』や『西田哲学の根本問題』は、この問題を扱った優れた哲学書です。

滝沢克己は、もともとキリスト教と非常に近いところにいる人です。最初は洗礼を受けないと言っていましたが、晩年に洗礼を受けました。しかし、最後はキリスト教から距離を置いて、非常に小さい新興宗教集団、手かざしを重視する真光《まひかり》や世界救世教、そういう系統の教団の熱心な信者になります。どうしてそうなったのか、本人の病気も影響しているとは思いますが、これも解明しないといけない問題です。いずれにせよ、バルト、西田幾多郎は面白い人物です。

類比とは、別のものの中で共通構造を見ていくこと

ここで、神学の話に生で触れてみましょう。『教会教義学』の第一巻の一番頭のところ。『教会教義学』は一九三二年に出ています。一九三九年に第二次世界大戦が始まっています。ナチスドイツが第一党に躍進する時期に出されているわけです。だから危機を正面から踏まえている。カール・バルトが一九一九年に発表した『ローマ書』では、第一次世界大戦後、その破滅の中での危機という感覚でしたが、新たに戦争が起きつつあるという危機ではありませんでした。

だいたい戦争のような危機的な状況に直面しないと、神学者は基本的に怠惰なので、まじめに考えません。哲学もそうです。その意味では「国防の本義」にあるように、戦争は文化の知性、創造の母であることは間違いない。

バルトはこのようなことを言っています。

〈キリスト教哲学（philosophia christiana）は、事実上、いまだかつて決して現実のことであったためしはなかった。それが哲学（philosophia）であったなら、それはキリスト教的（christiana）ではなかった。それがキリスト教的（christiana）であったなら、それは哲学（philosophia）ではなかった。〉（カール・バルト〔吉永正義訳〕『教会教義学 神の言葉Ⅰ／1 序説／教義学の規準としての神の言葉』新教出版社、一九九五年、一二頁）

言っていることは、わかりますよね。哲学は、合理性、理性から物事を組み立てる。それを飛び越えることをやっているから、キリスト教哲学は語義矛盾であると。それまで哲学とキリスト教は、絶対依存の感情から組み立てることもできるので調和している、というのが自由主義神学の考え方でした。それから宗教社会主義やリッチュルの自由主義神学が行き着いたのは、理性によって神の国ができるというものでした。哲学的な神学には、これらは当然の前提になっているのです。それに否を唱えた。

さらに、体系知である学問に神学は収まるのかどうか、バルトは根源的な疑問を呈します。

〈神学はそもそも一つの「学問」であるかという問いに関しても事情は同様である。この問いは、決して神学にとって死活問題（Lebensfrage）ではない。なぜと言って、神学に、是が非でもまさに学問というこの仲間〔類〕（genus）に属することを要求する契機を与え得るであろういかなる原理的な必然性も、いかなる内的な根拠も、そこにはないからである。〉（前掲書、一三頁）

神学は、学問のかたちを取ることもありますが、必ずしもそうでなくて構わない。学問でないかたちの神学もあると言う。日本の感覚で言うと、禅でもいいのです。禅も神学へのアプローチとしてある。絵画を描くことでもいいかもしれない。書でもいいかもしれない。あるいはナチスに対する抵抗運動に参加する、これ自体が神学である、ということもあり得るという。

しかも神学には方法がない。神学は方法論的には他の学問の下で何も学ぶことはないのです。学問と神学の間には、方法論的な共通性はないと。神学は自己言及的です。神の言うことに対して耳を傾けないといけないが、人間は神様ではない。だから神様の言うことはわからない。しかしこのわからない、不可能なことの可能性を追求しないといけない。こういう言い方をすると、実存主義の世界ではよく使われてきた言葉なので、それほど難しくありません。不可能の可能性に挑んでいくことが神学の課題だ、ということになります。
ここまでは、まだ常人の思考で理解できます。ところがもう少し踏み込んで、神学の認識という話に入っていくと、このような文章になってしまいます。さて、わかるかどうか。

〈認識の遂行、すなわち、人間的な行為の出来事、さらに言いかえるならば、この〔神が〕与えること（Zueignung）に対応する〔人間が〕自分のものとしてゆくこと（Aneignung）（直観《インツウイ》〔直覚〕的《ティフ》な把握から言語的に形成される概念把握にいたるまでの、自分のものとしてゆくこと）——そこで、信仰ノ類比（analogia fidei）が明らかとなること、そして、それ〔信仰ノ類比が明らかになること〕から発してくる明確さ（Klarheit）が、教義学の中で〉——注が付いていて——〈（教義学の中で初めてというのではなく、まただ教義学の中だけでというのでもないが、しかしとにかく、また教義学の中ででも）被造物的形態を得てくる、そのような自分のものとしてゆくこと（Aneignung）——は、神からして起こるあの出来事〔神が与えること〕に対して、もちろん、第二のものであり、それ〔神からして起こるあの出来事〕と信仰の中で確かに一つに統一されているが、しかしまさに信仰の中でこそ、また、神からして起こるあの出来事とは区別されるべきところのものである。〉（前掲書、一二三〜一二四頁）

こういう感じで延々八〇〇ページぐらい続きます。

今のところを平たい言葉で言い換えると、人間は神様について知ることはできない。人間の直観も当てにならない。しかしそこには信仰の類比というのがある。類比とはどういうことか。これは別のものの中で共通の構造を見ていくということだ。信仰の類比とはどういうことか。神様が自分の子どもであるキリストをこの世の中に送った。キリストが神様とどういう関係を持ち、周囲にいる人間たちとどういう関係を持ったか。その関係、構造との類比の中で、人間の世界で起きる出来事を見ていくのだ。このような認識の方法を取るべきだと言っているのです。ただ、それをこのテキストから読み取れるようになるには、結構時間がかかります。

『ファウスト』は知識人の入場券

なぜ、このような変な言葉を使うのか。目に見えないものを可視化するためには、人間の言語ではものすごく限界があるから、宗教は瞑想《めいそう》みたいな世界に入ってくるのです。ユダヤ教でもカバラのような数字の並べ方から、ヘブライ文字にはそれぞれ対応する数字があるという特性を利用した、お臍《へそ》の周辺に力を入れてヘブライ文字とその対応数字の結合イメージを思い浮かべるといった、救済を得るための手法がいくつもあります。

これに対して、あくまでも言語の作用、言語によって表現できないことを言語で表現しようとしたのがバルトの仕事です。だから普通の言葉ではなく、人をびっくりさせるような言葉を使わないといけない。表現主義的な方法になるのです。ルカーチとバルトの用語は、その意味では非常によく似ているのです。

さて、そうであるならば、びっくりさせるようなテキストから、我々はびっくりしないといけない。ところが、読み上げたテキストを読んでも、普通の日本人はびっくりしません。訳がわからないわけです。びっくりさせるようなテキストを、みんなできちんと勉強しないといけなくなります。

そのために重要なのが、たとえばゲーテの『ファウスト』です。ゲーテの『ファウスト』は有名ですが、ほとんど読まれていない作品の一つですね。もっともドイツ人やイギリス人、あるいはロシア人で知識人といわれる人たちは、『ファウスト』を読んでいます。『ファウスト』は知識人としての入場券なのです。

『ファウスト』を読むと何に気づくか。『ファウスト』には、先行する作品があります。ダンテの『神曲』です。ダンテの『神曲』を下敷きにしながら『ファウスト』は書かれています。ファウスト博士は年寄りです。数学も哲学も言語学も物理学も、神学まで学んでいます。

ところが知識はたくさんついても、全然安らかな感じにはならず、死を控えても自分の人生に納得できずにいます。そこで悩んで街を歩くのです。

街を歩いているうちに、毛むくじゃらの野良犬がまとわりついてくる。その野良犬が人懐っこいから、自分の家に連れていくと、その野良犬はヒューッと立ち上がって悪魔の形を取り、メフィストフェレスになる。「なんだおまえ、悪魔がなんでやって来たんだ、出ていかないか」と言ったら、「いや、悪魔は入るのは簡単だが、出るのは大変なんだ。出るときにはいろいろ決まりがあるのだ」と、出ていかない。そしてファウスト博士に「おまえの魂を寄越《よこ》せ。そうすれば若返らせてやるぞ」ともちかける。そこから彼は悪魔との取引に応じていく。

その後に恋愛をしますが、さてどうなるか。上下巻一四〇〇円ほどで買えますから、オチは話しません。新潮文庫でいい訳が出ています。

私たちにとって重要なのは、頭のところです。『ファウスト』は全部行数が本文に書かれています。ですから、何行目のこの記述、という言い方が世界中どこに行っても通用します。『ファウスト』の一二二六行目から一二三七行目までが一つの大きなポイントです。

〈われわれは彼岸のものの値打ちを学び知っているし、

啓示（筆者注・啓示は神様が伝えることです。先ほどの預言者を通じて伝えるのが啓示です）
を求め憧れているわけだが、
この啓示は、ほかならぬ新約聖書のうちにこそ
最もおごそかに美しく光り輝いているのだ。
ギリシア語で書かれた聖書を繙《ひもと》き、
真心籠《こ》めて、
一度この神聖な原典を
母国のドイツの言葉に訳してみたくなった。

（一巻の書を開き、翻訳し始める）

「太初《はじめ》に言《ことば》ありき」と書いてある。
ここでもうつかえてしまう。さてどうしたものか。
己は「言」というものをそれほど尊重する気になれぬ。
己の精神が正しく活動しているとしたなら、
ここでは別の語を選ばずばなるまいな。

「太初に意《こころ》ありき」ではどうであろうか。

筆が滑りすぎぬように、
第一行をじっくり考えねばなるまい。

森羅万象《しんらばんしょう》を創《つく》り出すものは「意」であろうか。

いや、「太初に力ありき」としなければなるまい。

だがそう書きながら、すでに何者かが
それでは不十分だと己の身に囁く。

ああ、どうにかならないか、そうだ、うまい言葉を思いついた。

こうすればいい、「太初に行《おこない》ありき」。〉（ゲーテ〔高橋義孝訳〕『ファウスト（一）』新潮文庫、一九六七年、九六～九八頁）

言葉、心、力、行い。ロゴスというギリシャ語の言葉に、その四つの訳語を充てている。どれも成り立ち得る訳語です。ちなみにドイツ語では、“Im Anfang war das Wort”「はじめに言葉ありき」、das Wortです。それからその次にインアンファンクバルデアジィン、心がジィンです。そして力、インアンファンクバルディクラフ。最後にインアンファンクバルデイタートツ、行為、この四つです。

ここに目を付けたのは、田辺元が天才である所以《ゆえん》です。田辺元の『哲学入門』。この『哲学入門』を先ほどのバルトの本と比べてみると、バルトよりも『哲学入門』のほうが後に出ている。バルトが一九三二年、『哲学入門』が一九四九年ですから一七年後です。言葉がまったく違います。少し読んでみましょう。

〈皆さんはゲーテの『ファウスト』をお讀みになつてゐられるでせう。そのはじめの、「哲學も學んだ、何も學んだ、餘計な話だが神學まで學んだが、得るところはない」といふファウストの嘆き、述懐をする場ではなくて、それより後に、彼がワークナァといふ助手を伴ひいつしよに外の様子を見ようといふので、人間の世界を見るために、市中を散歩してから再び書齋へもどつて、夜またファウストが書齋で自分の述懐をする、そのぢき後からメフィストがでてくる。そのでてくる前の書齋の場でファウストはかういふことを言ふ。

「自分は散歩したりして人間に對する愛とか自然に對する愛といふものが甦つた。最初の非常にふさいでゐた狀態から見ると氣が輕くなつた。しかし、依然として自分の心は乾き切つてゐて、本當に生きがひを感ずることができない。かういふやうに自分の心が枯渇した時には、何よりも啓示に賴つて、啓示により自分の心を潤して貰ふといふことが唯一の方法であらう。啓示の最大なるものは新約聖書である。自分はそこで新約聖書を取上げて、新約聖書の中の言葉を自分の好きなドイツ語に飜譯してみる。これが自分の新しい元氣を喚び起してくれるところの方法だ」といふことを言ひながら聖書を取つて『ヨハネ傳』の初めの飜譯にとりかかる。御承知の通り『ヨハネ傳』はかういふ言葉で始まつてゐる。「初めに言葉あり、言葉は神とともにあり、言葉は神なりき。」この「初めに言葉あり」といふ場合の「言葉」は Logos です。それをファウストがドイツ語に飜譯しようとして、日本語でもロゴスをギリシヤの原意に從つて「初めに言葉あり」と譯してゐると同じやうに、ファウストも先づ第一にロゴスを言葉（das Wort）と譯す。さうやつて譯して見るけれども、しかしファウストには氣にいらない。彼はいふ、自分は言葉にそんなに重きをおいてゐないと。そこにはギリシヤの世界觀、ギリシヤ人のロゴスの世界觀、言葉の世界觀といふものがあるわけです。アリストテレスにも存在は語られるものだといふ前提がある。そこにギリシヤの存在學が、言葉と離れられない關係をもつことが認められる。『ヨハネ傳』はギリシヤの思想を福音に注ぎ込んだものであるから、「言葉あり」といふ譯もそれでいいのですが、しかしファウストには言葉では氣に入らない。〉（田邊元『哲學入門』筑摩書房、一九六八年【原著一九四九年】、一一五～一一六頁）

ギリシャ的なモノの考え方、ロゴス。これが学問をつくっています。しかし、言葉では表せないことはあります。日常的に我々はうまい言葉が見つからないといった事態に直面します。また、信頼や愛情を完全に言語化できますか？　言語化できません。言葉ですべてを言い表すことはできません。ここで、ギリシャ的な思考の限界をファウストは、ゲーテは指摘しているのです。

しかしこのような解釈ができている人は、私が今まで見た中では、田辺元だけです。先行の注釈書や哲学書から引いてきたものではなく、田辺元がドイツ語で『ファウスト』を読んでいて、「あ、ここはギリシャ思想を指している」と気がついた。ゲーテが考えていたこと、あるいはゲーテが無意識の内に考えていたことかもしれないのですが、それをきちんと言語化したのです。このあたりが、やはり天才の天才たる所以です。

ヘブライ的な発想とギリシャ的な発想

もう少し先を読んでみましょう。

〈そこで今度は言葉の代りに意味とか心（der Sinn）とか飜譯して見る。ロゴスを今度は心と譯してみた。そこにいふ心とはわれわれの心でなく、世界には意味がある、神が世界を造るには、神が或る心をもつて、すなはち或る意圖をもつてしたのであるから、世界には意味がある、心があるといふのである。さういふ意味でロゴスを心と譯したわけです。いまわれわれがそれを歴史に割當てて考へると「言葉あり」はギリシヤの立場であり、心はヘブライの考へであるといへませう。舊約の神が世界を自分の全智全能によつて造るといふ、さういふ意志、心であります。それでもファウストは氣にいらない。〉（前掲書、一一六頁）

実に見事なまとめです。心はユダヤ教的な考え方です。神は、全知全能であって何らかの意図を持ってこの世の中をつくった。我々はその意図についてはわからない。それに対して、ヘーゲルは歴史の中に意図はある、意図は我々にはわかると考えました。一方、カントはわからないと考えました。しかし、何らかの意味がこの世の中にあるという考えは、実はギリシャからは出てこないのです。これはヘブライからの発想です。

このヘブライ的な発想とギリシャ的な発想が結合して、ヨーロッパはできています。本来ギリシャの時間概念は、我々の時間と同じです。ぐるぐる円環をなしている。昨年も私は見なかったのですが、「紅白歌合戦」でカオスをつくり出す。そして一一時四五分になると鐘が鳴って、三井寺《みいでら》でも比叡山《ひえいざん》でもいいですが、ガラッと雰囲気が変わる。カオスからコスモス、人為的に混乱と秩序をつくり出しているわけです。カーニバルといっしょです。秩序をつくっていく、一つの創造と破壊の宗教的なシンボルとして「紅白歌合戦」と「ゆく年くる年」は存在している。あれを見ている限り、日本人の宗教性はなくならないでしょう。

元旦にお宮参りをする人もいればしない人もいますが、新しいという感じはする。ヨーロッパでは、新年になっても新しくなったという印象は受けません。もう一回全部やり直そうという感じは起きないのです。また一つ積み重ねだな、と。この感覚の違いは、宗教性の違いです。我々が持っているこの宗教性は、古代ギリシャに近い。だから、古代ギリシャの古典は、キリスト教に毒されていない我々のほうが素直に読める面もあるのです。

ヨーロッパでは、ギリシャ的な概念とヘブライ的な概念がうまくくっ付いて、時間は直線になっています。直線ということは、最終的な終着点がある。その終着点がテロスです。目的。テロスは目的であり、終わりであり、完成です。終末論は同時に完成を意味します。キリスト教文化圏、ユダヤ・キリスト教文化圏においては、死は怖くない。それからこの世の終わりも怖くない。そこは一つの完成になるからです。この世の終わりになっても、それが救済になるからです。

力で物事を理解するのは、新自由主義の市場の発想だ

さて、ファウストはどうして気に入らないのか。それはファウストが近代人だからです。田辺元の続きを読んでいきましょう。

〈そこでまた更に改めてロゴスを力（die Kraft）と譯してみた。力は前から話してゐますやうに、工作的な人間の原理であつて近世的なものであります。しかし、それでもまだファウストは落着けない。最後にファウストは行爲《わざ》（die Tat）と譯した。それが歴史主義の現代といふものに當るといはれませう。初めにあるのは行爲である。存在の原理は行爲である。ロゴスを行爲と譯すことによつてファウストはやつと滿足することができた。尤もファウストの物語は中世のものですが、しかしゲーテの『ファウスト』は彼の世界觀を盛つたものです。それを更に私が歴史的に、ギリシヤ、ヘブライ、近世、現代といふやうに割當てて見たのですが、或程度當るといふことは、ゲーテの直覺が彼の時代をも超えてその後の現代をも觀透してゐたと解してもいいでせう。偶然にせよこれは面白い。ギリシヤでは言葉であり、ヘブライは心（神の意志）であり、近世にくればそれが力であり、それから歴史主義の時代、現代になれば、わざであり行爲である、と解釋することができる。ロゴスは、本當は歴史の立場でいへば、行爲でなければなら

ないといふのが、ファウストの言葉の中に現はれたゲーテの世界觀、ゲーテの思想であるといはれる。さう言つても言ひ過ぎではなからうと思ひます。〉（前掲書、一一六〜一一七頁）

力で物事を理解するとは何か。これは新自由主義の市場の発想です。新自由主義の市場モデルは、力を基本としたニュートンの古典的な力学です。力と力の間で均衡が定まる、ということです。需要と供給の関係で均衡点が定まっていく。それがいろいろ動いていく動学的均衡にしても同様です。私は最近「新帝国主義の時代」という言葉を使っていますが、これはニュートンの古典力学と同じモデルで、実は新自由主義とすごく親和的です。力のあるいくつかの国家が、その均衡点を求めているという考え方は、近代的な発想なのです。

日本の力は弱っています。特に東日本大震災によって可視化されました。そこに付け込んできているのが、韓国であり中国です。韓国が放火犯を政治犯として、日本と犯罪人引渡条約があるにもかかわらず、中国に送還してしまった。なぜそういうことをしているのか。日本が弱くなったからです。三年前までだったら出来なかった。怖いからです。

竹島に李明博《イミョンバク》が上陸したのも同じことです。今まで韓国大統領の立場からすれば、韓国の歴史的にも法的にも韓国領なので、いつ上がってもおかしくはなかったのです。どうして上がらなかったのか。上がった後の日本の反発が怖かったからです。

今の政権は、日韓関係の改善を偽装しています。実は改善していません。線を引き直しているのです。玄葉《げんば》光一郎《こういちろう》さんという、前のユニークな外相が「日韓の関係は死活的な利益を共有している。利害を共有する」と言いました。死活的な利害を共有するとは、同盟国です。

ところが安倍さんが訪韓する額賀《ぬかが》さんに持たせたメッセージは、基本的な価値観を共有する、です。死活的利益を共有すると、基本的価値観の共有はまったく違います。基本的価値観の共有とは、民主選挙をしている、市場経済を取っているということです。基本的な価値観の共有でしたら、ロシアと同じレベルです。過剰なかたちでの韓国へのラブコールを引き下げて、通常の国家間関係に引き戻したというのが、客観的に見た外交です。これはこれで正しい。ただ、本当のことは言わないといけません。

それから安倍さんは不快の念を表明しましたが、大使を戻すことはしていません。外交的には、靖國神社放火犯が他に何をやったかというと、韓国の日本大使館に突入をしたわけです。日本大使館は、日本国家そのものです。その犯人を政治犯扱いするとはどういうことなのか。本来は大使を召還すべきであるような事案です。

竹島上陸と同じぐらい、主権に対する侵害として、問題がある事案です。しかし静かに静かに処理しようとしています。力の均衡という観点から、どこまで安倍政権が正確に認識しているかは別として、弱くなったと感じているから譲歩しているのです。

専門家だけでなく、皆さんも話を聞いて一つ一つ追っていけば、日本が明らかに譲歩している、退却していることはわかると思います。ところがレトリックでそれをごまかし、より強く出ているぞ、と見せている。レトリックと実態の乖離《かいり》が大きくなりすぎると、その後に大変な緊張を招く。我々は今、後退しているのです。この後退は、戦術的に正しい。どうしてか。中国の帝国主義的な拡張に対して対応していくことに、選択と集中をしていかないといけないからです。ただ、それが国家戦略ではなくて、なんとなくでやっている。

行為とは、不可能の可能性に挑むこと

では、力と行為はどう違うのか。第二講の大きなテーマになりますが、行為、歴史主義とはどういうことか。力だったら負けると思ったことでも行為によって変えようと、不可能の可能性に挑むことです。行為の中には非合理な要素が入ってきます。裏返して言うと、この行為の中に、近代を超克するようなきっかけも潜んでいる、ということになります。

ここからトレルチに入ろうと思いますが、今日初めてトレルチという名前を聞く人がほとんどだと思います。『岩波哲学・思想事典』から抜いてきたところを読みます。

〈トレルチ　Ernst Troeltsch　1865－1923　ドイツの神学者。専門分野は、神学、宗教哲学、歴史哲学、倫理学、文化思想史など広範囲に及ぶ。アウクスブルク近郊に生まれ、エアランゲン、ゲッティンゲンなどで学び、はじめリッチュル学派の影響を受けた。〉（廣松渉ほか編『岩波哲学・思想事典』岩波書店、一九九八年、一一八八頁）

リッチュル学派は、先ほど私が申し上げた、宗教社会主義ともつながる、この世に神の国をつくっていくという考えの自由主義神学です。

〈やがてブセー、グンケルらと共に宗教史学派を創設し、その組織的な理論的代表者となった。ライプニッツ、カント、シュライアーマッハーの影響を受け止めたが、その後の歴史学や歴史的思惟の発展を踏まえた。その上で規範的、組織的思想の樹立を目指し、キリスト教的ヨーロッパの宗教的、文化的再建を志向した。

ボンの教授を経て、1894年から1915年までは、ハイデルベルク大学の神学部教授。この間、M. ウェーバーと学問上の親交を結び、大著『キリスト教会と諸集団の社会教説』〔1912〕を著し、多大な影響を与えた。プロテスタンティズムと近代世界の研究に関する貢献も、今日依然として無視することができない。1915年以後はベルリン大学哲学部教授。第二の主著『歴史主義とその諸問題』（1922）を著した。またナウマンのドイツ民主党に参画し、ドイツのデモクラシー化、近代化のために尽力した。

その宗教哲学は、「宗教的アプリオリ」の提唱によって知られるが、宗教の心理学と歴史を重視しながら、同時に宗教の理性的人間存在における根拠づけを主張したもので、その上に歴史的啓示と宗教意識を素材とする神学の樹立を構想した。倫理学においても、カント的な主観性の倫理学とシュライアーマッハー的客観的文化価値の倫理学を結合しつつ、歴史哲学的倫理学として両者を乗り越えていく構想を抱いた。

こうした歴史を重視する文化形成的神学、歴史主義的神学の構想は、彼以後特に弁証法神学によってほとんど無視されてきた。しかし1980年以降、国際的な「トレルチ学会」の発足とともに、彼の思想の総合性と創造性が再び見直されている。〉（前掲書、一一八八頁）

これはドイツで出ている有名な神学事典、『歴史と現代の宗教』という百科事典をきゅっとまとめているだけです。読んでいてストンと腹に落ちないのは仕方がありません。良くない辞書の書き方の一つです。

百科事典で私がよく使っているのは、マイヤーの小百科事典です。西ドイツ版と東ドイツ版があるのですが、私は東ドイツ版を愛用しています。これは一二、三センチぐらいの厚さですが、的確に年号と客観的な最低限必要とされることだけを書いているので、いい百科事典です。東ドイツですから、わら半紙みたいな悪い紙ですが、その分軽い。百科事典は小百科を何か一冊持っておくと便利です。

「史的イエスの研究」

トレルチを、私なりの言葉に訳してわかりやすく表しておきましょう。一九世紀に理性を重視する時代になってきました。文献学も発達すると、イエス・キリストがどういう人だったのかと、学問的にきちんと確定したいという動きが出てきます。これを「史的イエスの研究」といいます。ところがその結果、大変な事態に至ってしまった。一世紀にイエスという男がいたことを歴史実証的に証明することはできない。こういう結論になってしまったからです。逆に、イエスという人がいなかったことを歴史実証的に証明することもできない。アリバイ証明は常に難しい。

このあたりをモティーフにしてつくられた有名な小説が、ロシアの二〇世紀の作家、ミハイル・ブルガーコフの『巨匠とマルガリータ』です。『巨匠とマルガリータ』は、悪魔が一九二〇年代のモスクワに現れ、かつて自分はイエス・キリストが死ぬところを見たと言い張るという話です。この「史的イエスの研究」が使われています。

その後、キリスト教神学は二つに分かれていきます。一つは、神様はいない、無神論の方向に行く。ドイツの神学部のほとんどは、無神論的な研究をしています。神様を信じていない神学部の教授や、神様を信じずに無神論を研究している、唯物論を研究している神学生は結構います。

もう一つの方向は、イエス・キリストがいたかいないかはわからない。しかし一世紀の終わりにイエスがいて、イエスが我々の救いであると信じていた集団があったことは確実だ。歴史的に確定できるのは、そこまでで十分である。それ以上確定できないことは、そこで唱えられていたドクトリンが正しいかどうかを確認すればいい。このドクトリンの研究をすればいい、と。これが様式史といわれる考え方です。

トレルチは、どちらかと言えば、こちらの流れに属します。彼はいろんな宗教を比較してみると、キリスト教が絶対に正しいはずだ、イエスがいたかどうかを別としても、他の宗教と比べてみれば、正しさがはっきりする、という仮説の下で研究を始めました。その結果、キリスト教が絶対に正しいということは言えない、という結論に至ります。しかし、キリスト教の考えの根本にある部分は正しいという。これは信仰の問題になります。彼は、このように非常に曖昧な迷路に陥っていった神学者です。

　彼のキリスト教会の実証的な研究を生かしたのが、マックス・ウェーバーです。マックス・ウェーバーのプロテスタンティズム理解は、基本的にはトレルチからの輸入です。その意味では、あまりオリジナル性はないということです。

　この流れを完全にひっくり返すのが、カール・バルトです。カール・バルトは、トレルチがやっているような歴史研究や史的イエスの研究は、もうキリスト教とは関係ない。それは、人間が頭の中でいろいろとこねくり回している学問の世界だという。キリスト教にとって重要なのは、人間が救われるか救われないかだ。その観点からすると、学問的に正しいとか正しくないということは別の範疇《はんちゅう》の問題だ。人間が神様について何かを語るのではなくて、神様が人間について何を語っているのか、虚心坦懐《たんかい》に耳を傾けることだ。このような方向に転換します。ところがこの転換は、トレルチからすると非合理主義、理性に反する反時代的な試みにしか見えなかったのです。

　トレルチのいくつかの著作を見てみたいと思います。一九一三年に書かれた「十九世紀」という作品があります。一九世紀という時代をどのように見るか書いたものですが、非常に面白い。

〈自然諸科学が啓蒙主義との親近性を保ち、実際的効果に関する限り、主知主義的＝功利主義的方向をもっているのに対し、歴史諸科学の発展は本質的に、ドイツ観念論とこの世紀の大きな政治的運動とによってはじめて創り出された。啓蒙主義の歴史記述は本質的に教会的世界史の批判とそれからの解放であって、ほとんどいつでも規範的に歴史を確固とした合理的な文化基準で測っていた。これに対してドイツ観念論は、上昇しようと努力するけれどもいたる所で個体的に表現される理念という観念論的な発展概念によって、相対的な考察、芸術的な感受力と再構成、無意識と本能の領域への感覚、充溢する事象への純粋な献身、こういったものを導入した。政治的歴史記述は民族的情熱《パトス》をもって変転する事件を追い、それによって同様に、具体的で生きたものに対する即事的な献身へと強制された。〉（エルンスト・トレルチ〔小林謙一訳〕『トレルチ著作集　第十巻　近代精神の本質』ヨルダン社、一九八一年【原著一九一三年】、二一一～二一二頁）

どういうことか。自然科学は実験が可能です。実験は可能だから、実験を繰り返すことによって法則を見出《みいだ》す。法則定立的な科学ですね。それに対して歴史は、社会を扱った社会科学です。社会科学だから、実験はできない。歴史的な現象を同じかたちで繰り返すことはないですから。ではどうするか。人間の抽象力によって、歴史的な現象の中にある個性を見出してくる。個性記述というかたちでの科学です。二つの別の種類の科学が一九世紀には存在するという。

これは、新カント派の認識論の基本的な特徴です。法則定立的な科学と、個性記述的な科学に分けていく。そうして人文社会科学の課題を個性記述にしていきます。それが特にマックス・ウェーバーが言っている理念型、理想型、イデアルティプスというかたちになってきます。しかしあくまでも科学です。ですから、合理的なかたちでの学術的な議論で、一つの方向に収斂《しゅうれん》することは可能です。

これに対してバルトは、個性記述に価値を全然認めない。神様から言われている人間の理屈を破壊する、人間の実存すら破壊するような、圧倒的な何かが外部にある。それに対して耳を傾けるのだと提起しているのです。

（二〇一三年一月五日）

第二講　歴史と人間

古典は二つ持ったほうがいい

トレルチの続きから始めます。結局トレルチは、キリスト教は歴史実証的に見た場合には絶対に正しいとは言えないが、たぶんその考え方は正しいのではないか、そういう雰囲気で学問的な研究を進めます。厳密に詰めたかたちで研究できたとは、言えません。いずれにせよ『歴史主義とその諸問題』は、近代を理解するためには優れた本で、この種の問題を扱っている中では緻密《ちみつ》なので、読んで損をしない本です。三〇〇ページぐらいで三冊になります。ウェーバー以上にきちんとした実証研究がなされていますし、知的な洞察も優れています。

私はよく古典は二つ持ったほうがいいと言っています。古典にはある程度のギャラリーがいる。国際的には数万人ぐらいの研究者がいます。数万人研究者がいると、一〇〇万人以上の読者がいます。日本国内において、少なくとも二〇人ぐらいは研究者がいます。案外二〇人でも、それで飯を食っている研究者がいる分野は少ないものです。トレルチはぎりぎりで入る一人でしょう。皆さんの内で「じゃあ、私はトレルチに一つの軸足を置いてみようか」と選ばれるのなら、いい選択でしょう。

それから古典は、古典の構造を読み解くことによって、現在の現象、あるいは将来の現象についても説明することができます。

古典に関しては、あまりわかりやすいものは避けたほうがいいでしょう。先ほどの田辺元《たなべはじめ》の『哲学入門』は、非常に優れています。しかしわかりやすいということは、特定の時代の状況の中で書かれているからわかりやすいわけであって、少し時代的な状況、与件が変化するとわかりにくくなってしまいます。わかりにくいもので現在まで読み継がれている古典は、それなりに時代の波を経ているのです。

ただ、古典の中で宗教経典は除いたほうがいいでしょう。聖書や法華経《ほけきょう》、あるいはコーランは、除いたほうがいいと思います。というのは、宗教は極度に人びとの感情を刺激するからです。冷静なテキスト読みができていないものが多い。

では、具体的にどういうものがいいのか。たとえばマルクスの『資本論』はいい、『太平記』もいいし、『源氏物語』もいいと思います。あるいはギボンの『ローマ帝国衰亡史』、それから哲学系だったらフッサールの『論理学研究』、こういうものです。それをアンカーにする。

二つ持ったほうがいいのは、一つの古典に足を置いて物事を見ると、一つの切り口からしか見えないので、立体的に見えなくなるからです。複眼的に物事を見る場合には、最低限、古典は二つ持ったほうがいいのです。ただ四つ、五つ持つのは無理です。古典は思考の鋳型を摑《つか》むために非常に便利です。『歴史主義とその諸問題』は、古典のお薦めの一つです。

ヨーロッパを形作っている原理「コルプス・クリスチアヌム」

第二講で重要なのは、「文化総合」という考え方です。端的に言うと、この「文化総合」という考え方は、ヨーロッパを形作っている原理です。ラテン語で言うと、「コルプス・クリスチアヌム」です。ギリシャ語の入口はやっておいたほうがいいと言いましたが、ラテン語はそれ以上にもっとやっておいたほうがいい。ラテン語を読むことは、それほど難しくありません。ローマ字読みをすればいいのです。

唯一注意しないといけないのは、Cです。CをKで読むのは日本の主流の読み方です。ちなみにドイツでラテン語をやった人は、キケロをチッツェロと読みます。だからドイツ系でラテン語をやった人は、ひと昔前まではラテン語の読み方を聞くとドイツ語訛《なま》りがあるから、すぐわかりました。今は標準的には英語訛りで読みますから、チッツェロじゃなくてキケロでいいと思います。

ラテン語に関しても、『ニューエクスプレス』からラテン語が出ています。最初の文字の読み方、これは文字はいっしょですから、ギリシャ語と比べればすごく簡単です。最初の三課ぐらいの処理は、標準的な理解能力のある人でしたら五時間ぐらいでできます。その程度のラテン語の知識があれば十分です。そうすれば、あとはラテン語の引用句辞典。これを持っておけば、だいたいラテン語で何か出てきた場合でも、どういう意味なのか押さえられます。

「文化総合」、「コルプス・クリスチアヌム」。キリストの体とかキリスト教共同体という訳語を充てていることが多いのですが、三つの原理から成り立っています。一番目は、ユダヤ・キリスト教の一神教の伝統。二番目は、ギリシャ古典哲学の伝統。三番目は、ローマ法の伝統です。この三つが総合されている。それによって一つの文化になっているということです。

そうすると、ギリシャ経済危機は、比較的容易にわかります。EUは基本的にはヨーロッパの文化総合が拡大したものです。ギリシャは、三番目のローマ法の伝統がない。その意味ではロシアといっしょです。どうしてか。ヨーロッパの基本になっているのは西ヨーロッパです。この西ヨーロッパはローマ法の伝統が強い。ローマ法も一つの宗教です。合意は拘束する。約束したことは守らないといけない。これも一つの宗教的な考え方です。口では約束したって心はそうは思っていない、ということがギリシャ古典劇ではよく出てきます。

それから、前に決めたことと後に決めたことだと、後に決めたほうを優先する。これもローマ法の考え方です。これも一つの宗教ですね。別に、先に決めたものを優先しても構わないのですから。どういうものが流通しているかというのは、文化体系によって異なるのです。文化体系が違うと、いっしょにいても居心地が良くありません。

ロシアをなぜEUに統合できないのか。それは、基本的にロシアはビザンツ帝国、東ローマ帝国の後継であって、ユダヤ・キリスト教の一神教の伝統、ギリシャ古典哲学の伝統は持っているけれども、ローマ法の伝統は持っていないからです。

日本は、ローマ法の伝統を中心に受け入れて、ユダヤ・キリスト教の一神教の伝統は非常に疎《おろそ》かにしました。それからギリシャ古典哲学。ひと昔前は、大学で哲学を専攻したいと言うと親は泣きました。山登りと哲学だけはやらないでくれ。山登りは事故に遭遇する可能性があるし、哲学は自殺すると、こういう感覚が強かった。哲学も実存哲学の影響が強かったのです。マルクス主義哲学をやる人は、哲学ではなく経済学をやりましたから。確かに相対的に自殺する人の比率は高かったことでしょう。大学まで行ったのに難しいことをやって自殺しないでほしい、だから哲学はやめてほしいという感覚です。

しかし、我々は一神教的な感覚はわからない。だから、乱暴な議論がある。一神教は偏狭である、それに対して多神教や仏教は寛容だ、だから東洋的な伝統は素晴らしいと。だいたいTPP亡国論とか変なことを言う人たちは、こういう乱暴なキリスト教や一神教理解が入っています。一神教でも、寛容なものもあれば非寛容なものもあります。タイの内乱だって、みんな仏教徒ですよ。カンボジアのポルポトだって仏教の伝統から出てきている。スリランカの内戦だって仏教から出てきています。仏教徒の中でも、乱暴な奴もいれば乱暴ではない奴もいる。キリスト教徒の中でも乱暴な奴もいれば乱暴ではない奴もいる。イスラムでもそうです。ムスリムでも乱暴な奴もいればそうではない奴もいる。それだけの話です。それを特定の宗教と結びつけ、どの宗教は寛容だとか寛容ではないという主張は、あまりに乱暴です。

一神教の本来の性格は、他の宗教の信者に対しては無関心、です。一神教徒にとって基本的に大切なのは、神様と自分の関係ですから、他の人が何を信じていようが関心がありません。関心がないから併存できるのです。

その端的な例がエルサレムです。エルサレムは偶発的な衝突はあっても、カトリック教会も正教の教会も、プロテスタントの教会もイスラムの寺院もアルメニアの教会も、それからユダヤ教のシナゴーグも、全部併存しました。みんな一神教で神様を信じて、自分が神様との関係でどう救われるかにしか関心がないので、併存できるのです。

宗教の力は、本質的に関係のないものを結びつける

どの宗教も帝国主義的な国家政策と結びつくと、非寛容の要素が出てきます。ですから帝国主義と宗教の結びつきという問題と、一神教か多神教かという問題は、分けて考えないといけないのです。神学では、物事を分けて考えること、関係のないものに関係をつけたりすることはよくやります。だから、本質的に関係のないことはわかるようになってきます。たとえば今の議論でも、デフレかインフレかという議論が一方にあり、景気がいいか悪いかという議論が他方においてある。この二つの議論、まったく関係がありません。インフレはパラメーターの話です。インフレ政策で札を多く刷り、産業政策がきちんとできないかたちで起きる一番大きな可能性は、名目賃金の上昇、実質賃金の低下です。ケインズが当初狙ったのは、そこです。なぜ管理通貨政策をしようとしたのか。労働者は賃金がデフレで下がってくると、俺の賃金が下がっていると言って怒るから、札をたくさん刷る。金《きん》と結びつかないところで刷る。すると名目賃金は上昇するが、物価がそれ以上に上がると実質賃金は低下している。労働者は馬鹿だからわからない。こういうことです。

これとニューディール政策のような政策はまったく別です。ニューディール政策によってアメリカの景気は本当に良くなったのか？　今の実証研究は否定的です。あの程度のことではあまり関係ない。アメリカの経済不況が解決したのは簡単な話です。第二次世界大戦です。戦争という大規模公共事業をやったからアメリカの景気は蘇《よみがえ》り、それが半世紀ぐらい影響力を持った。この見方のほうが妥当でしょう。

本質的に関係のないことを結びつけるのは、宗教の力なのです。今の日本政府は、インフレ政策と景気を結びつける宗教に成功している、と言えます。その宗教を信じている人がテレビに出て、いろいろと言う。しかし、これは論理連関とは別の世界の話です。論理を追っていくことが重要です。

それから歴史を顧みる。たとえば量的緩和。量的緩和というと、何か新しい概念で、しかも価値中立的な考えのように見える。しかしこれは、一九三〇年代に頭をタイムトラベルしてみて、同じような政策をやったことを思い出せばいい。為替《かわせ》ダンピングです。札を大量に刷ることによって、自国通貨をダンピングして輸出しやすくする。円安が好ましいと、自国通貨の価値が切り下げられることを歓迎している。これは非常に不思議な話です。

為替ダンピング競争に乗り遅れているから、遅ればせながら為替ダンピングに日本も参加した。こういうことならば、わかりやすい。先例もあります。一九二九年の大恐慌の後、世界は管理通貨制度に移行していました。日本は第一次世界大戦直後のインフレによって、金との交換をやめていたことと、緊縮財政が成功して、世界大恐慌の影響を先進国の中では最も受けなかった。経済は上向きでした。だから教科書に則《のっと》ったかたちで金解禁を行ったのです。その結果どうなったか。日本の金はがんがんとイギリスとアメリカに流出した。それで慌てて金解禁をやめる。まさに嵐の中で雨戸を開けるようなことをしたと、後に批判される政策になる。

今やっていることと、非常によく似ている。雨戸をもう一回閉めるという意味での量的緩和ならわかります。しかし、それで経済状況が抜本的に改善することはないのは明白です。それなのに、なぜエコノミストたちは幻想を振り撒《ま》いているのか。これには三つの可能性があります。一つは不誠実。ほんとはわかっているけれども、やっている。二番目、自分が株式を持っている。自分の個別利害のためにそういう方向に誘導している。三番目、まったく気づかないでそれが真理だと思って言っている。三番目には、宗教の要素が入っているわけです。

翻訳に成功しなかった言葉、「クリティーク」

我々の周辺には、常に宗教が控えている。その宗教を見抜くためには、トレルチのような見方が必要なのです。物事を批判的に見ないといけない。ところが批判というのが、これまた難しい。批判、これは明治期にヨーロッパからクリティークという概念が入ってきたときの誤訳です。そもそもタニマチが歌舞伎の演技を見て、「なってねえ」と文句をつけるのが批判という言葉の原義です。それに対してクリティークは、対象として物事を捉《とら》え、それに対して何らかの評価をするという意味です。

どういうことか。批判のほとんどは、実は賛成している場合です。取り上げて対象を捕まえて理解する。「うん、それでいいと思うよ。僕は賛成だよ」というのも、批判の一部です。

だいたいの批判は賛成か、その賛成に一部新しい考え方を付け加えたらいい、というものです。部分的にここは違うと思う、こうしたらより良くなるというのも、あります。全面的にそれを否定するというのは、批判の中の本当に極一部です。

『経済学批判』や『純粋理性批判』など、いろいろなものに批判という言葉が付いていますが、日本語の批判の否定的なニュアンスは、そこにはありません。文芸の場合は、文芸批評という言い方をしますが、批評というと第三者的に突き放している、無責任な感じがします、評論にしても。クリティークは、結局翻訳に成功しなかった言葉の一つです。

翻訳に成功しなかった言葉で、カタカナで済ましているものは、時々あります。たとえばコンピュータ。コンピュータは、昔の辞書にはほぼ電子計算機と出ています。これは大変な誤訳でした。コンピュータにできることは計算だけではなく、人工知能としての機能があることに翻訳した人たちが気づかなかったのです。中国は気づいていた。だから電脳と訳したのです。もし電脳と日本語に訳すことが流通していたら、おそらく電脳が流通していたでしょう。

コンピュータのような横文字がそのまま入ってくるのは、怖い。日本人は漢字かな交じりの文化を使いますが、その最大の問題は、実は消化しないでもわかった振りができることだと柄谷行人《からたにこうじん》さんは強調して言っています。その通りです。

哲学に関しては、きちんとわからないといけない。わかるようにするためには、トレルチのテキストはすごくいい。トレルチのテキストは退屈でちょっと難しいでしょうが、この後の田辺元は血沸き肉躍るような講演録ですから、ここのところは我慢して聴いてください。

人間は本質的に宗教的な動物だ

トレルチは、「文化総合」の箇所でこのようなことを言っています。

〈経験的・歴史学的研究が有する性格に直面して、歴史哲学的ならびに倫理的な判断基準一般の思想全体が放棄されなければならないのであろうか。いずれにせよこの困窮の中にあって宗教的諸権威へと逃避することは、われわれには何の助けにもならない。なぜなら、そうした宗教的諸権威自体が、まさにこの同一の問題、すなわち「宗教と歴史」の問題に最も重苦しい仕方で苦悩しているからである。宗教的権威が不断に分裂し変化していることこそ、宗教の生命的真理の統一性と普遍性の主張に対し歴史が活発に抵抗していることを表わしている。宗教が普遍的かつ絶対的な権威であろうとする限り、そこには宗教の支配が成立する。そしてこの宗教の支配を解消させるのは、自然科学でも形而上学でもなく、歴史（Geschichte）と批判（Kritik）である。〉（エルンスト・トレルチ〔近藤勝彦訳〕『トレルチ著作集　第四巻　歴史主義とその諸問題（上）』ヨルダン社、一九八〇年【原著一九二二年】、二四七頁）

我々は物事を、理性を使って批判的に対象として理解するようにした。理解しないで丸々信じろと我々に要求しても、それはできません。理屈の力が強くなってしまったので、理屈に合わないものに我々は反発してしまう。「いやあ、とりあえず信じればいいんだ」と宗教の中に逃れるのはもう無理だ、ということです。

トレルチには、人間は本質的に宗教的な動物だということが見えていません。人間は本質的に宗教的な動物だと指摘したのは、ロシアの宗教哲学者のニコライ・ベルジャーエフです。宗教を認めないというかたちも宗教だ。理屈で説明できる領域を超えるところでないと、人間の存在は成り立たないと彼は言う。

それに対してトレルチは、聖なるものは存在していて、それは全体であって信じる対象であった。向こう側、彼岸にあったそれが此岸《しがん》、こちら側に来る。こういうプロセスが近代だと考えた。言い方を換えると、これは世俗化です。今まで神秘現象と見られていたものを、理屈で説明できるようになるということです。ただ、批判的な見方がまだ不十分であるから、説明できないだけだと。我々の理性の限界ではない。要するにマニュアルは正しいが、マニユアルが十分に整備されていないので、マニュアルをきちんと整備していけば、我々は世俗化を完成させていくことができる、という考えです。

キリスト教は人間の心を捉えることができないと受け止めると、我々はひょっとすると、オリエントの宗教生活が持っている浮動性や感情の安定から学ぶところがあり、オリエントの宗教生活と接触を持つことが可能であるかもしれない、と考えてしまうかもしれない。しかしオリエントが歴史的個性的なもの、有限で規定されたものを過小評価していることは、我々にとってはまさにその限界を意味する、と彼は言う。

キリスト教はもうダメだ、カトリックとプロテスタントが分裂して、プロテスタントは理神論の方向に行き、逆に無神論が出てくる。生き死にの原理にならないではないか。東洋を見てみろ。イスラムの神秘主義がある。スーフィーたちがいる。あるいはインドの仏教。こういったものは素晴らしいじゃないか。日本には固有の神道があるようで、それは二礼二拍一礼をすれば真理体現できるそうだ。年中行事の中に宗教が織り込まれている。こういうオリエント。オリエントという言葉は、オリエンタリズム批判をサイードが出したので今はあまり使われていませんが、トレルチはヨーロッパ人が自分たちの姿に照らして裏返したものを全部オリエントとしています。この東洋の発見、東洋の宗教に惹《ひ》かれていく人たちがヨーロッパのインテリから出ているけれども、それはダメだ。いずれ理屈の世界に到達するのだ。

未発達な段階にあるから、理性の重要性という問題に直面していないだけで、仏教も神道も、どうやって理屈をつけていくかという問題に、遅かれ早かれ世俗化の過程の中で直面する。そのときに機能不全をきっと起こす。だからヨーロッパを究めないといけない。これがトレルチの発想です。

学問という手続きに従うと、トレルチの言うとおりかもしれません。

建設＝アウフバウという考え方

学問という世界に足を入れると、どうしてもトレルチの方向に行く。そう考えると、思想はやはりヨーロッパのコンテクストで考えないといけない、ということになってしまう。では、トレルチはどう言っているのか。

〈思想というものは、事実、われわれが実際上それに従って行動しているにもかかわらず、さらに一層明瞭にされることを求めるものである。このことはわれわれの状況の中に成り立っている諸基準をわれわれが素朴かつ自明な仕方で無条件的なものと見なすにせよ、あるいはそれらの無条件的、無時間的な性格を後から論理的、形而上学的、発展史的な諸理論によって証明すると主張するにせよ、変わりはない。前者の場合われわれは、あの、自分は丁度いま広く世界を巡って水を表現する極めてさまざまな名前を学んだが、水は結局は水にすぎないと考えた職工と同じである。後の場合は巨大な心的噴出物の冷えた沈殿をドグマとして、これを苦楽に耐えて弁護する神学者たちと同じである。哲学者たちもこの神学者たちとの類似性を、自分が考えているよりはしばしばはるかに多く持っており、違いはと言えば、哲学者たちの背後にある噴火が多くの場合その活発さにおいておとるぐらいである。われわれの諸基準は、こうしてさしあたり直接的必要によって作り出されるが、実際は一つの巨大な全体的作用連関の文化的所有物からある批判的選択を通して成立している。この作用連関は、われわれの場合にはヨーロッパ文化の全体ということになる。〉（前掲書、二五〇～二五一頁）

近代人は何事も明確にしたいのです。不明確なこと、曖昧《あいまい》なことに耐えられない。どんどん、どんどん明瞭《めいりょう》にしていこうとする。しかし明瞭にしていこうとするものの背後には、文化的な相互連関がある。こう彼は考えます。ヨーロッパのユダヤ・キリスト教の一神教的な伝統と、ギリシャ古典哲学の伝統と、それからローマ法の伝統によってできた文化体系、その中からある部分を批判的に選んで対象化して、そこを考察していく。それを繰り返す。

このトレルチの発想は、目には見えないけれども、確実に存在するような何かがあるという、伝統的なヨーロッパ的リアリズム、実念論の構成になっています。

このようなことも言っています。

〈新しいものが現実に内的深層から突出し、ただひたすらその内的な自己確実性と意志を規定するその力とによってそれ自身を確証する限りは、それは先験的すなわち自発的創造である。しかしながらそれは、無からの創造ではないし、理性からの構成ではない。それは改造（Umbilden）であり継続（Fortführen）であり、同時に新しい魂と新しい精神の吸入である。〉（前掲書、二五一～二五二頁）

我々のつくっている時代、歴史、状況、あるいは経済でも社会でも何でもいい。そういったものは、まっさらなところからあるわけではありません。その背景には、過去の積み重ねがある。歴史があるのです。さらに言うと、言語がある。我々が使っている言語の言語制約性、文化制約性から抜け出すことができない。その中で、我々は何かを付け加えたいと意志をもち、何かをつくっていく。このように歴史はつくられている、という考え方です。この考えを、建設といいます。

建設という考え方は、後にドイツ語でアウフバウ、ナチスドイツの考え方になります。東ドイツでもアウフバウという言葉はしょっちゅう使われました。最近ドイツ語の新聞を読んでいると、新しいヨーロッパの建設でアウフバウが頻繁に出てきます。日本で建設というと、だいたい建設業とか土建屋さんを指すので、国土強靭化《きょうじんか》政策「人からコンクリートへ」をイメージしますが、「コンクリートから人へ」もドイツ語のアウフバウです。

この建設は、力の論理とはちょっと違います。力の論理ではうまくいかないようなことでも、人間の主観的な働きかけによって変えていこうとします。時には、手が届かないようなお月様のようなものに向かって手を伸ばそうとする。しかしそれは、建設の中の非常に重要な要素になってくるのです。

改造や継続的な改造という言葉が出てくることによって、トレルチの考え方は、非常に歴史主義的になってきます。

戦前の大ベストセラー『歴史的現実』

ここから田辺元に話を進めていきましょう。これも『岩波哲学・思想事典』。

〈田辺元　たなべはじめ　1885〈明治18〉－1962〈昭和37〉〉〈廣松渉ほか編『岩波哲学・思想事典』岩波書店、一九九八年、一〇三六頁〉

編集者の方がいたら朗報ですね。著者の死後五〇年になりますので、二〇一三年から著作権の保護対象からはずれています。田辺元のものは、何を復刻してもどこからも文句を言われないし、印税も取られない。田辺元は二〇一三年から非常にコストパフォーマンスのいい思想家になっているわけです。『西田幾多郎《きたろう》全集』は旧版でも二回ぐらい出されましたし、新版も結構売れています。『田辺元全集』は筑摩から一回出ただけなので、これから商売になる人だと思います。

〈西田幾多郎とともに京都学派の第一世代を形成する哲学者。東京に生まれる。東京大学で初め数学を専攻するが、のち哲学に転ずる。1913年東北大学理学部に赴任し科学概論を担当。『数理哲学研究』〔1925〕などを著して、わが国の科学哲学・数理哲学の草分けとなる。カントおよび新カント学派の研究にも従事し、『カントの目的論』〔1924〕などのすぐれた業績を生み出す。西田の招きに応じて1919年に京都大学文学部に転任。1922年ドイツに留学してフッサールから現象学を学び、ハイデガーとも交わる。ヘーゲル弁証法との苦闘は『ヘーゲル哲学と弁証法』〔1932〕などの著作と、〈絶対弁証法〉の構想に結実。師と仰ぐ西田の絶対無の思想を受け入れたが、その観照性・無媒介性にあきたらず、これを鋭い言葉で論難し、自らはあらゆる直接的実体の定立を排する〈絶対媒介〉の概念を提起した。その理論的基礎の上に、マルクス主義などとの対決を通して得られた社会哲学的知見を蓄積し、「社会存在の論理―哲学的社会学試論」〔1934-35〕などの論文で、国家社会の構造を究明する〈種の論理〉を提唱、ここに田辺独自の哲学を確立した。日中戦争から第二次大戦にかけての時局にも敏感に反応。種の論理は本来は、民族主義・全体主義とは一線を画す理論であったのに、しだいに個人の国家への一体化を唱道するようになった。戦争末期、とりわけ国家と自己との矛盾をめぐる、自らの哲学者としての無力の自覚から、理性的同一性にとどまる哲学を否定した「懺悔道としての哲学」に想到し、そのテーマで講演や講義を行なう（この題名の書は大戦後1946年刊）。懺悔道の観点から絶対媒介性を徹底する趣旨で、国家の類的普遍化に個人の政治的実践の媒介が不可欠であることを強調し、種の論理に修正を加える。1945年京都大学を退官し、以後は北軽井沢に住んで、『実存と愛と実践』〔1947〕、『ヴァレリイの芸術哲学』〔1951〕などの執筆に励んだ。〉（前掲書、一〇三六〜一〇三七頁）

先ほどのトレルチに比べて、聞いていても内容がわかったと思います。中岡成文《なりふみ》さんが書いています。この人は一九七〇年ぐらいに京都大学にいて、まだ京都学派の匂いが京都大学哲学科にあったころの人です。田辺や西田の思想を受け止めたのです。この中岡さんはハーバーマスに関する解説書も書いていますが、とてもいい内容です。

それでは『歴史的現実』へと具体的に入っていきましょう。「はしがき」に京都帝国大学学生課がこのようなことを書いています。

〈本書は昭和十四年五月十日から同年六月十四日迄《まで》の間に前後六回に亙《わた》る京都帝国大学学生課主催の日本文化講義に於《おい》て田辺元《たなべはじめ》先生のなされた御話を速記し、教学局の許諾を得、先生に請うて上梓《じょうし》したものである。当時満堂の学生が非常な緊張と感激とを以《もっ》て此《こ》の講義を傾聴した光景を今も眼前にまざまざと憶《おも》い浮べる。

最初先生は本講義を広く世に公にせられる御考を持たれなかったのであるが、本書を出版するに至ったのは独り本学学生のみが之《これ》を私すべきものでないと思われる事と、先生が本学学生中学資に乏しき者のある事を平生御心《みこころ》にかけて居られた事とにもとづく。

本書の印税は挙げて先生の御意思に副《そ》うよう奨学資金にあてる事になって居る。

なお岩波書店は前記の趣旨に賛意を表し、並々ならぬ援助を与えられた。

学生課は田辺先生に、教学局に、又岩波書店に対し、茲《ここ》に厚き感謝を捧げるものである。
申す迄もなくこれは速記であって、文責の先生にない事を御ことわりして置く。
昭和十五年三月二十日
京都帝国大学学生課〉
（田辺元『歴史的現実』こぶし書房、二〇〇一年【原著一九四〇年】、八頁）

もちろん田辺元も目を通していますから、文責を完全に免れているわけではありません。しかし、講演だから相当踏み込んだことを言っています。わかりやすい。あと、田辺元の品性が優れていたのがよくわかります。大ベストセラーの印税を全部京都大学の学生課に寄付して、奨学金に充ててくれと言っています。カネに汚い人間ではなかったのです。

「二時間でわかる哲学」などは、あり得ない

頭のところから読んでみましょう。

〈今日から六回にわたって歴史的現実という題でお話したいと思うのであります。出来るだけ気を附けて余り平生お聞きにならない哲学の専門用語等を避けて分り易《やす》い言葉で、分り易い筋道をお話したいと思います。一体哲学は難しい分りにくいという印象を誰《だれ》しも持つのでありますが、併《しか》し私が今若《も》し皆さんに十分お分りになる様に話が出来ないならば、これは必ずしも皆さんの罪ではなく、又哲学そのものの罪でもなく、私の力が不十分で未熟な為《ため》であります。勿論《もちろん》私自ら求めて分りにくくお話しようという事は絶対にありません。ただ私の力が足りない、自分に問題の隅々まで見透《みとお》しが附いて居ない為に、お分りにくくなるのであります。それは私の本意でなく、出来るだけ避けたいと思っているのであります。併し今申した様に、私の力の不足の為に御了解にならないような事があれば、これは慚愧《ざんき》致す外ありません。ただ私自身の力の及ぶ限り、分りよいようにお話したいと思います。

尤《もっと》もそれに関連して申して置きたい事は、今私は哲学は難しいものではないと申しました。それは人間が本当の人間になると云《い》う要求を満たす学問が哲学であるからであります。若し或《ある》思想がほんとうに人々に分らないならば、それはその思想が哲学として十分の資格がないからであると考えられるのでありますが、しかしその反面に次の事をも御承知置き願いたい。〉（前掲書、九〜一〇頁）

ここまですべて枕です。自分はわかりやすく言っているけれども、わからないのはおまえたちの責任だと言いたいのです。棘《とげ》が立たないように物事を表現する力も非常にある。この先のところが重要です。「二時間でわかる哲学」「二時間でわかる日本経済」「二時間でわかる領土問題」など、あり得ないのです。二時間でわかるようなものは、その程度の内容しかわかりません。哲学を二時間で理解など、できません。

その理屈について田辺は説明します。

〈哲学は一方からいえば一般に人間に固有な要求を満たす学問であって、人間が人間になる為の道でありますが、〉（前掲書、一〇頁）

注意。「人間が人間であるため」とは言っていません。「人間が人間になるための」、「なる」という言葉をここで使っています。人間は変わっていくものである。今ここにあるのが私ではなく、私は何かに向かって進んでなっていくものだ。こういうヨーロッパ的な、目的論的な発想を、田辺は前提としています。

〈併し人間になるとは現在本当の人間になっていない、十分に本当の知識を持っていない事を意味する、日常ある所のままの人間では本当の人間と云えない所があるということとを意味します。日常の生活にはそれで足りている常識とか知識とかいうものだけでは、我々は本当の人間になれない。其故に常識の外に本当の人間になる為の知識が必要である。それで若し哲学が常識の立場では分らない、それどころか、却《かえっ》て常識で分っていると思っている事を分らなくするものだとすれば、それは私の力の不足な為に分りにくいのと違った意味に於《おい》て分りにくいのである。これは哲学の長所の為で短所の為ではない。分らない事を分らないと知る事も、ある意味で分る事である。〉（前掲書、一〇頁）

これは非常に大切です。わからないことがどこかをわかっているというのは、わかる部分もわかっている、ということです。

〈分ったと思っている事を分らないと自覚させる、所謂《いわゆる》無知を自覚させるのは哲学の職分である。〉（前掲書、一〇頁）

ソクラテスを指しています。

〈そこで私の話を聞いていよいよ分らなくなられたとしても、私の話には分ったと思っ

て居る事を分らなくする事も本来意図されて居るものと予め《あらかじ》御承知置き願いたいのであります。〉(前掲書、一〇頁)

私の講義を聴いたら、わかっていたつもりのことがわからなくなる。こういう意図を含んで話をしていますからと、最初から煙幕を思いっきり張っています。これは単なるレトリックではなく、本当にそうです。今日の私の話を聴いて、わからなくなったことが相当多くなったと、相当混乱して皆さん帰っていかれると思います。これも当然私の意図していることです。その意味では、私も田辺元の系譜を引いている、ものを考える人間の一人になります。

過去に囚われずして未来を建設することはできない

我々はまっさらな白紙の上にあるのではない。これを田辺元は何度も強調します。

〈我々は勝手に何も出来ないこと、現実には我々に知り得ない所があること、をはっきり自覚する必要がある。このどうにもならない所が分れば却てそれが何事かをなし得、知り得る所だという事になる。これは言葉で矛盾した事をつないでいるようでありますが、実は小さい我々の生活についても同じ事が見られる。我々は色々計画をたててもなかなか思い通りになるものでない。併しどうにもならない中で飽くまで無私謙虚に精進していると却て思いもよらぬ先方から道が開けて来る事を我々は何らかの程度で経験する。これが現実の自由である。我々は歴史的現実として動かす事の出来ないものをはっきり知る時、歴史的現実として自由を感得する。そこに歴史は単に成るものでない、現実の中に自己を失って現実と一になった私が行為するという所がある。斯《か》くして歴史は生成即行為であり発展即建設である。歴史を離れて建設・創造・行為する事は出来ない。併しそれは同時に発展・生成でなければならない。未来の可能性が過去の必然性を通して働く。過去の必然性と未来の可能性の結びつくのが永遠の現在である。歴史は直線的に滝が落ち水が流れているようなものと考える事は出来ない。歴史は過去から押す力と未来から決定する力との、相反対する二つの力が結び合い、交互相媒介する円環に成立するのであります。〉（前掲書、一一六〜一一七頁）

これはすごい規定です。我々はまっさらではありません。しがらみの中で生きているのです。過去のしがらみがあるけれども、やりたいこともある。これは未来にあります。どこまでできるかわからない。しかしやってみる。その二つがぶつかり合うところで、今の私がいるのだという。そうすると、過去に囚《とら》われない未来志向というのは、まったく間違えた歴史認識になる。歴史の否定です。過去に囚われずして、未来を建設することはできない。未来の理想と過去から縛られている現実、そのぎりぎりとした板挟みの中で我々は行動することで、歴史をつくっていくのです。

新しい談話を出せば歴史が切り替わるというのは、完全に倒錯した見方です。錯綜《さくそう》した見方なので、歴史は何も切り替わりません。過去から引きずっているものを受け止め、そのしがらみの中から、やりたいこととの間で何が実際にできるかと、行為をする。行為をすれば反発はあります。その反発を受け止めて先に進んでいく。これが重要になるわけです。歴史認識に関して政府が直面している問題は、田辺元をもう一回読んでみると、必ず失敗することがわかります。未来志向の談話といったものを出しても、国際社会から浮き上がるだけです。

第一講でお話しした「インターナショナル・ヘラルド・トリビューン」や「ニューヨーク・タイムズ」の短い社説が、日本外交を制約するものすごい爆弾になるのです。

圧力から我々は逃れることはできない

では、そういう問題からどうやって抜け出していくことができるのか。面白いたとえを田辺元は出します。

〈禅は泥棒の技（わざ）の様なものである。或《あ》る其《そ》の道に長じた泥棒の親方が居たが、年をとって来たので、息子が修行して置かねば食って行く事が出来ない事になった。〉

（前掲書、二〇頁）

今もそうですが、泥棒には親方がいて、ちゃんと子分がいるのです。職人です。私が親しくする作家の宮崎学《まなぶ》さん、彼のおじいさんは有名なスリの親方で、親父さんは解体大工でした。スリの親方の子分たちがたくさんいて、それが組をつくっていたという。まさに泥棒は、ひと昔前までは職人芸の世界だった。だから、子どもに泥棒のノウハウを伝えて一人前の泥棒にしないと、引退もできません。

〈そこで息子は親爺《おやじ》に泥棒の商売を教えてもらいたいと頼んだ。すると親爺は息子を連れて金持の家に垣根を破って忍び入り、立派な着物の入って居る大きな櫃《ひつ》を開けてその中の衣類を盗む為にその櫃の中に息子をはいらせてから、蓋《ふた》をして錠をかけ、そして自分は垣根から外に出てその家の玄関を叩《たた》いて「泥棒が入った泥棒が入った」といって家の人を起した。息子は騒ぐと見附かるし、といって黙って居るとそのまま飢死せねばならなくなるので、実に怪《け》しからぬ惨酷な親爺であると怨《うら》んだ。これは我々がどうにもならない所に陥《お》ちた所である。そこで何にも出来ず何もしないで居ては泥棒になる資格はない。ところで息子は櫃の中で鼠《ねずみ》が物を咬《か》むような音をさせた。すると鼠が居ると云うので女中が手燭《てしょく》を持って来て蓋を開けたので、彼は女中の燈《あか》りを消して逃げた。泥棒だと云うので家の人達が後を追うと、大きな石を井戸に放り込んで、家の人が逃げられなくなって井戸に跳び込んだのかと思って、井戸の周りに集まって騒いで居る隙《すき》に逃げ帰った。そして父を詰《なじ》ると、父は「それは大変結構だ、それで一人前になれた」といったという。〉（前掲書、一二〇頁）

法演とは、この話をつくった『碧巌集』の評唱をつくった圜悟《えんご》の師匠である五祖法演のことです。

〈法演の話はそんなものであるが、そこに外から教えるのでなくどうにもならない所から自由な働きが生れて来ることを自得さす禅の立場がよくあらわれて居る。併《しか》し今云った事は禅と云う特別なものに限らない。一体禅は何も特別なものではなく、人間が本当に人間になる為の道と云ってもよいものでありましょう。皆さんも現実というものの意味について今申した様なことを多少とも感得せられる事と思う。即《すなわ》ち私達は現実が圧力を加えるからと云って現実を手離してはならない。泥棒の息子は働く事を止《や》めなかった。歴史的現実が歴史的現実であり、生成が行為に転化せねばならぬと云うことの意味は之《これ》によって理解できるでありましょう。

それで凡《およ》そ歴史は歴史でないものから之を考えてはならない。またこの前申した例を云えば、例えば持てる国が持たざる国の行動を非難するのは神の世界計画（Weltplan）によって世界が作られ歴史が始まったとする考えを前提して居る場合が少なくない。それでは歴史的現実を正しく理解する事は出来ない。〉（前掲書、二〇～二一頁）

だんだん、だんだん大東亜共栄圏の思想にこうやって近づいてくるのです。この泥棒の例は、今我々が置かれている状況に非常に近い。中国の圧力から我々は逃れることはできません。それから自由貿易の圧力、ＴＰＰの圧力からも逃れることはできません。檻の中に入っているのが今の日本です。ここからとにかくネズミの真似をしてでも何をしてでも、まず抜け出さないといけない。うまく騙《だま》して外に逃げないといけない。こういう状況に置かれている。

田辺よりも少し後の時代でしたら、こんなたとえを使わないでもよかった。我々の実存的状況を理解しろと言えば、実存主義哲学が影響を持っていた時代にはすぐ理解できました。このたとえは、実存主義哲学の影響が少なくなった現在においても、十分通じる話だと思います。日本の政治エリートも、泥棒のようなかたちで、きちんとした外交なり経済政策を立てることが重要です。

現在に過去も未来も包摂されている

歴史の話は時系列をつけていかないとできません。前後の関係をつけないといけないのです。そうなると時間、これをどう理解するかが問題になります。「時間論」に関しては、最近では中島義道《よしみち》さんが『時間論』といういい本を書いています。西洋的な時間論、現代的な時間論になると、まずみんな読むのはベルクソンです。しかし、ベルクソンよりも先にきちんと押さえておかないといけないのは、アウグスティヌスです。ところがアウグスティヌスの『告白』などを読むのは、世界像が違いますからすごく大変です。田辺はうまくまとめています。

〈時と云うのも歴史的現実と同じく分らないもの、分っていて分らないと云う不思議な性質のものであります。皆さんもお読みのことと思いますが、基督《キリスト》教の神学の土台を置いたアウグスティヌスの、告白録の中に時の問題が深い立場から論議されています。その中でアウグスティヌスは、時は誰《だれ》もきかなければ私に分っているが、きかれると分らないものだと言っている。時間は向こうに置いて語ることは出来ない、それは時を時でないものに投射して考えることに外ならない。この事は恰《あたか》もこの前現実について御話した事と同じ様に皆さんに不思議な感じを懐《いだ》かせるかもしれません。〉（前掲書、二四～二五頁）

アウグスティヌスは「時を俺はわかっているつもりなんだけど、時間とは何だって聞かれると、さっぱりわからなくなる。だからそんな余計な質問はしないでくれ」と言っています。時間は本当にわかりにくい。なぜなら時間は流れている。流れている時間に関して、どうやって説明するのか。時間は、時間でないかたちでしか説明できません。座標軸に描く。時間を空間に示す。そうすることで時間を説明しているのです。

〈時は歴史的現実よりもっと客観的なもので、歴史をも包むものである、それに自分の事を考えるのはおかしいと思われるかもしれません。併し私に関係しないような現実とか時間とかは知る事が出来ない。時は私に関係して成立する故私に非常に近い、従って人にきかれなければ時は私に分っているのである。所が人にきかれる事になると、私は第三者としてその外に立ちこれを語る事になる、それは時を時でなくすることである。時は斯様《かよう》に分り難《にく》いものですが、しかし兎《と》に角《かく》手懸りとしては過去・現在・未来の分析から出発する外ない。過去とは昔あった事に違いないが、併し必ず現在にまで働いて効力・影響をもつものでなければ意味をなさない。〉（前掲書、一二五頁）

そう、過去と我々が言っているのは、現在から考えた過去です。その過去として何を取ってくるかは、人によっても、時代によっても文化によっても変わってくるのです。

〈未来は現在に結びつき現在の中に働かねばならない。故に未《いま》だないものが現在という「あるもの」を決定する、現在は未来によりかくあらしむべく限定され、規定されているのである。〉（前掲書、一二六頁）

未来というものも、現在にいる我々が思いつく未来しかありません。現在に過去も未来も包摂されている、ということです。

人は制約条件下で無限の可能性と不可能性を持っている

そこで田辺はカール・バルトに注目します。カール・バルトたちの神学グループは、現在では弁証法神学といわれていますが、そもそもは危機神学というグループと捉えられていました。再び、バルトは国際的に見直されています。たとえばバルトの『教会教義学』の英語版の新版、訳は旧版と同じで文字組みも新しくなっていない。写植のままですが、新しい版が二〇一〇年にイギリスから廉価版で出ました。

それからドイツ語でも廉価版で出ています。今まで『教会教義学』の分厚い表紙の本は、ラテン語とギリシャ語に関しては、ドイツ語の現代語への訳はまったくありませんでした。『教会教義学』を読むことができるレベルの人間は、ラテン語とギリシャ語は自由に読めるという前提だったのです。ところが今回出たシュトゥディエンアウスガーベという廉価版は、後ろに付録が付いており、ラテン語とギリシャ語に関しても、全部現代ドイツ語訳を付けています。ということは、ドイツの神学生もドイツの牧師も、ギリシャ語、ラテン語が読めなくなってきているということです。我々とだいたい同じような状況に近づいていますので、神学の勉強はひと昔前と比べてもやりやすくなっているといえるでしょう。

バルトについて、田辺元はどう言っているのか。

〈今日の有力な神学の一派である危機神学では現実は断絶している、時の間（zwischen-den-Zeiten）に成り立つものであるとし、一々の現在が危機《クリシス》・深淵《しんえん》・裂目に臨んでいる、破れていると云う。かく現在は断ち切られている。切れているから何が出てくるか分らない。現在は偶然を常に含むのである。併し斯様に断ち切られては居るが、断ち切られたものがつながっている。だから偶然が必然となり、即自由となる。現在とはそういうものであるという事が出来る。〉（前掲書、三二頁）

これはバルトの考え方を極めて正確に要約しています。過去のしがらみはある。未来にやりたいこともある。それが合わさって自分はいる。それらに縛られている。能力的な限界があるなかで行為をする。どういう行為をするか、あるいはしないでサボっているかによって、可能性は変わってきます。制約されている条件の中で、無限の可能性と不可能性を我々は持っているわけです。それが自由なんだ、という考え方です。

結論から先に言うと、日本の運命も、我々の自由に懸かっているわけです。我々は過去からのしがらみを持っている。我々は将来やりたいことを、我々個人、一人ひとりで持っている。日本として、こうあらねばならないというものを持っている。その緊張状態のなかで、具体的にどういった行動をしていくのかは、我々に任されているのです。その選択によって、生きもすれば死にもするし、倒れるし、また復興していく。いろいろな可能性がある。ただ、制約条件は無視できない。深刻な要因は、人口減少です。今我々は弱くなっている。現在の制約条件、その現実からスタートしないといけません。その裂け目、深淵、これをきちんと認めることが重要になってくるのです。

時間論なき経済論に意味はない

現在、ということの特別な意義について、田辺はこう言っています。

〈同様に過去にも属せず未来にも属せずして、この公約数のない共通なもののないものを結びつけるのが現在であり、現在は過去と未来の時の間にあって而《しか》も時を成り立たしめるから永遠性をもつ。過去も未来もあらゆる時が成り立つのが現在である、現在は永遠であり、永遠は絶対無である。〉（前掲書、三二頁）

西田哲学とうまく合わせたみたいです。過去について考えているのは、今の私たちです。今私が話していることは、もうこの瞬間には過去のことです。私はこれから話すこと、何を話そうかと、今頭の中で考えています。もしかしたら話さないかもしれません。未来からあるものを引っ張ってくる。この未来は、現在になることによってしか実現されません。だからすべては現在なのです。

この考え方を少し変えると、時間を座標軸に表せるわけです。線のようにスタートがあって終わりがある。終わりはギリシャ語でいうとテロス。英語の end も、終わりであると共に目的です。さらにギリシャ語では、完成という意味が入ります。その流れに即して考える、普通のクロノロジーの考え方が歴史です。

ところが田辺が言っている、あるいはキリスト教の弁証法神学が言う時間は、このような流れるクロノスの時間ではありません。それを縦から遮断するタイミング、ギリシャ語でいうとカイロスです。この、遮断されるような時間を持つことができるのは、現在だけです。こういう発想です。

実は生活にかかわる経済についても、時間論なき経済論には意味がありません。

〈例えば歴史的現実に於《おい》て経済的な事情が重要な働きを及ぼす事は、我々が現実を見る以上無視する事は出来ない。併しそれが歴史の全体を支配するのでなく、却て我々は現在その法則の中にありながら現在の裂目を通して未来に目標を置き現在を動かして居ることを認めねばならない。その具体的なものから抽象的な面を抜き出して見る時にのみ、経済的法則が歴史を支配すると云えるのである。又唯物史観が自然的な側面に重きを置き、因果的に、過去を主として考えるのに対し、精神の実現すべき目標を未来に置き、それが目的論的に現在を支配しているとすると、観念史観・唯心史観となる。単に因果的に規定されると考えるのは過去が現在を支配するという事であり、又目的論的に働くというのは未来が現在を規定する事であるから、この両者は一見すると反対の様に見えるが、実は却て同じ関係を裏と表とから見たものに過ぎない。そのどちらも真の現在を捉《とら》えていない、現在の無の円環的統一を見失っているのであって、歴史の見方としては不十分であるといわなければならぬ。〉（前掲書、三三頁）

経済が物事を決めていく唯物史観みたいな発想。それから観念論のような、目的論的なかたちで未来に目的を置く発想。両方とも違うと言っています。現実は、過去の経済条件によって制約されている。そこから自動的に発展するものでもなく、我々が考えている未来、この未来の目的に進んで計画を立てていくものでもない。経済的な決定論と目的論は、結局は同じ構成を持っている。そうではない。未来と過去の、先ほど言った大きな二つの流れがぶち当たる真ん中にいる、現在における我々の〝決断〟ではありません、〝判断〟にかかってきている、そして行動にかかってきているということです。

本来の意味での全体主義、EUの思考

あまり解説を加えないで読むだけに留《とど》めておきます。というのは、最後に全体的に考えたほうがいいと思うからです。田辺は現在と対応するかたちで、種族ということを言い出します。

〈種族は種族に対し排他的関係にある。併し一つの種族に属する個人がその種族の統一と完全に調和する時、閉鎖社会の拘束性はなくなり、そこでは自由であるのと同時に、その閉鎖社会の中の個人は閉鎖社会の境を超えて他の種族の個人とお互いに認め合い協調し合う事が出来る。それが人類の立場であり、永遠の現在に於て時が成り立つのと同じく、人類の立場にたった個人を通して国家と国家とが結び合うのである。〉（前掲書、四〇頁）

種族という言葉を使うと、ダーウィンの『種の起源』やナチスドイツの人種主義の連関で考えてしまうので、種族という言葉を落としてしまいましょう。その代わりモナドという言葉を置きましょう。これはライプニッツのモナドの考え方です。

モナドの内部では、個というものもあるかもしれない。しかしそれは、モナド全体というものとは関係ありません。モナドとは、ライプニッツが『モナドロジー』（単子論）という中で考えたものです。モナドとは、神様によってつくられたものです。大きくなったり小さくなったりします。しかしモナドを消し去ることはできません。そして、神様以外はモナドをつくることもできません。そしてモナドには、いろいろなモナドがあります。あるときは、あるモナドが大きくなって別のモナドは小さくなる。そういうモナドがいくつもあります。

ところがモナドは、お互いに出入りしたりできるような窓や扉を持っていません。モナドは、風船のようなものです。その風船に目に見えない糸がくっついていて、その糸全体を握っているのは神様です。その風船は小さくなったり大きくなったりする。こういうふうにして、この世界は成り立っている。風船の中には、いろいろな細かい砂みたいなものが入っているかもしれない。しかし行動するときは、このモナドという単位で動くという考えです。

これは大東亜共栄圏の考え方でもあります。大東亜共栄圏は、世界制覇を狙っていません。大東亜というアジアの共同体の中において、一つの完結した全体になっているという考え方です。動物のアナロジーで言うと、大東亜共栄圏を猫とするならば、ヨーロッパの共栄圏になるのは猿です。そしてロシアの共栄圏になるのは犬です。犬は犬で全体です。猿は猿で全体です。猫は猫で全体。それら全体で動物になっている。こういう考え方がモナドロジーです。

EUの考え方や、ロシアの言っているユーラシア同盟は、端的なモナドロジーです。ですから限界があります。ユーラシアから広がりません。逆に外の価値観しか入れないのです、ロシアは。ヨーロッパも、EUはアジアには絶対拡大しません。EUのメンバーに中国がなることはありません。これが本来の意味での全体主義です。全体主義の構成は、多元的です。全体主義は、複数の価値観が併存するという考えなのです。

それに対して、一つの価値観で世界全体を覆ってしまえというのは、全体主義ではなく、普遍主義です。これも言葉が変遷してしまい、全体主義は悪の代名詞になってしまいました。現代では、全体主義は普遍主義の意味でほとんどは使われています。

アメリカ発の市場原理主義、これは普遍主義です。ただ、TPPはわからない。TPPの当事者たちもわかっていないでしょう。普遍主義的な世界貿易の発想と、一部地域においてだけ自由貿易地帯をつくるという関税同盟の思想が混在している。大きくなったり小さくなったりしている。四ヵ国から始まったのにアメリカが入って大きくなった。そして日本が入る。カナダも入り、メキシコも入り、大きくなったり小さくなったりする可能性がある。構成は非常にモナドロジー的です。

そうすると、田辺が言っている種族という考え方、あるいはライプニッツのモナドは、大東亜共栄圏、TPP、EUと、思考の形としては極めて似ているといえます。

中国が考えていることは、モナドロジー的なものでは今のところありません。中国が考えているのは、普遍主義的な世界です。中国の基準を普遍的にしていこうという、グローバルスタンダードです。中華圏内だけ通用すればいいという発想ではありません。だからアメリカにあれだけ留学するのです。

市場原理主義と中国が今行っている発想は、構成としては似ています。だから中国は、胡《こ》錦濤《きんとう》時代に言った「科学的発展観」を、公式ドクトリンに党大会において採り入れました。「科学的発展観」とは、典型的な発展史観である普遍主義で、社会ダーウィニズムに近いものです。社会ダーウィニズムの構成は普遍的です。最終的に勝利するのは一者になります。総取りなので市場原理主義と考え方が近いです。

我々はボランティアのことを翼賛と言っていた

田辺元の優れているところと、同時に怪しいところですが、本来この種族とは、国家をむしろ包み込んでしまう、国家よりも種族のほうに価値があるとする発想のはずです。種族は、我々が現在使っている言葉だと、社会にむしろ近いものです。特定の文化的な形態と結びついた、完結した社会を指すことになるはずですが、田辺はあるところでは、それを国家と区別し、あるところでは国家と一体化しています。田辺はそれが一つの擬制である、フィクションであるという。国家に限りなく近寄せていくと、微分法みたいな発想で言うのですが、ここに田辺のいかがわしさが非常に出ています。たとえばこのようなことを言う。

〈国家は対内的に個人を統制して自己に統一する（内治）と共に、対外的に自己を主張する（之が外交戦争である）。この両面を統一する事が政治である。〉（前掲書、四二頁）

国内の統治と外交、それには戦争も含まれる。それを統合するのが国家になる。そうすると種族と国家は一体のものになってしまいます。あるいは国家に種族が包摂されてしまうかもしれない。ただ、深入りをしないように気をつけながら、議論は進めています。

種族についてはこう言っています。

〈種族に相当する全体と個人とが対立していながら互いに夫々の立場で両立し調和しているのでなければ種族も個人も滅びてしまうというのが私の趣意である。全体が個人より先というのは成程理由はあるけれども、それは一面で、却て個人が進んで自由・自発性を以《もっ》て全体の統一を促進・維持しないなら、全体そのものが生命を失ってしまうことを忘れてはならない。全体は要素たる個が協力的に働いている故に全体性をもつのであって、死物のような全体は全体たる事を止めてしまう。そこに全体主義の一面性がある。全体が単に個体に先だつのでなく、両者夫々自立しながら同時に相媒介せられると考えなければならぬ。〉（前掲書、四九〜五〇頁）

ここで言う全体主義批判は、ナチズム批判です。どういうことか。種族ではなく、これはモナドでもいいと思います。あるいは少々違いますが、民族でもいいでしょう。ここで田辺が突いているのは、自発性です。要するにボランティアの思想です。大学で単位をくれるからボランティアに行くというのは、ボランティアではありません。ボランティア休暇が年休で認められるので、給料を得ながら仕事に行かないでいいからボランティアだとか、会社の社会貢献で点数になるからボランティアだというのは、まったくボランティアではありません。これは実利を求めているのです。

ボランティアとは、何の見返りも求めずに社会に貢献することです。このボランティアを、かつて我々は翼賛と言っていました。翼賛は、強制ではありません。自発的に国家を支持することです。大政翼賛会は強制ではなく、政党が自発的に政党を解消したもの、ということです。大政翼賛会には、いろいろな企業も自発的に参加した。個人も自発的に参加した。翼賛体制とは、ボランティア国家をつくるということです。

それぞれの人が持っている専門能力や経済力は異なるが、世のため社会のために何かやりたいと貢献する人たちがいないかたちでの社会、国家は、いくら全体を強化しても、死体と同じだ。強制はダメだ、自発的にやるような国家にしないといけないんだと田辺は言っている。これはまさにボランティアの発想です。

そうすると、愛国心教育を行うとか、国旗・国歌を強制するというのは、田辺的な発想からすると、国家を死体にする政策以外の何物でもない。国歌や国旗に対する敬意を表すようなことを学校の教師は行っても、それに対して生徒が納得しない、嫌だと言ったら強制はしない。強制はしないけれども、教育的な感化を通じて何年か経ったときに、その子どもが「ああ、先生が国歌や国旗を大切にしろと言ったのはこういう意味なんだな」とわかる感化を与えられるようにすることだ。そういう自発性を育てるのが、我々の種族としてのやるべきことであり、それが歴史的現実においてやらないといけない決断だ、となるのです。法的な強制力による統治とは別のかたちの統治形態、自発性をすごく重視しています。

そこで重要なのは、政治を支える文化であり、自発性を支える文化です。すべては文化の中に包摂されるからです。

〈国家は単に種族ではない。国家は種族が同時に文化特に直接には法を通して人類の立場に高まり、その立場で個人と媒介調和せられ主体化せられたものである。国家は単に種族的社会でなく、個人をして夫々その所を得しめる国家即自己の統一でなければならぬ。（中略）政治だけを主張して文化を無視すれば国家は国家性を失って、単なる種族に墜《お》ち、種族は自己の中に個人の潑剌《はつらつ》たる生命を許さないからその種族も生命を失って、歴史の裁きを受けるようになる。〉（前掲書、五二頁）

国家の基礎は、一人ひとりのボランティアである。そのボランティアができる枠組みを法的に保障することは、国家にとって重要なことだ。ボランティアとして東アジア共同体をつくっていくイニシアティブを日本は発揮する。それにボランティアとして中国が加わり、インドネシアが加わり、モンゴルが加わり、フィリピンが加わり、インドが加わり、そうして東亜共同体ができてくるというのが、田辺の理念的な大東亜共栄圏の考え方です。

こうなると文化は、政治から離れてはあり得ません。必ず政治の形態も文化は取ることになります。だから田辺は、「文化は政治と結びつかねば、歴史の中に具体性を持ち得ない」とはっきり言っています。

建設の思想が田辺元に影響を与えた

歴史とは、この文化を形成していく中で出来ていくものです。歴史の流れに身を任せれば、歴史がそのまま形成されていく、生成されていくことはない。一人ひとりが主体的に、ボランティアとして歴史建設に参加することが決定的に重要だ。もし、我々が我々の社会や今の歴史に対する責任を放棄して、日本の社会に自発的に加わらなければ、この国は崩壊する。そう田辺は見据えて、こういう言い方をしています。

〈歴史は単に生成して行くのでなく、生成を通して行為する、行為を通して生成するものである。行為がなくして単に生成し発展するものは歴史とはいえない。歴史は行為が生成であるという二重の性格をもっている。それ故文化史的に歴史を発展とする事は一面的である。勿論単に過去にあったものとして歴史を理解し文化を記述する時は一応発展という事も云える。併し歴史は単に向うにあるものでなく我々が行為的に建設するものでなければならない。これは政治史的な側面である。実際文化の一々の段階は、皆種族と個人との人類の立場に於ける綜合《そうごう》によって政治と結びついて建設されたるものである。一般に歴史は単に政治史でもないがさりとて単に文化史でもない。却て政治を媒介にしなければ文化も成立しない。かく政治と文化とを結びつけて考えるならば、発展は同時に行為・所業である。この後の方面を表わすにナチス独逸《ドイツ》の歴史家の使う建設（Aufbau）という言葉を借りて用いる事が出来る。勿論私は単なる全体主義の立場に立っている訳でないから、建設といっても単に政治的な概念としてではなくして、政治を通して文化を建設するという綜合的な意味で用いるのであります。

それでは歴史を建設と見るか発展と見るかでどこが違ってくるかというと、建設という時は個人の決断が中心的な意味をもってくる所が違う。そこに現代独逸の新しい歴史観の注目すべき点がある。〉（前掲書、五八〜五九頁）

「なんだ、これ、ナチスドイツの礼賛か、建設などと言って」と思うでしょう。しかし、建設という言葉は、その後東ドイツでも使われましたし、社会主義圏でも結構使われました。ペレストロイカの、ストロイカとは建設（建て直し）の意味です。ペレには再度という意味とともに徹底的にという意味があります。

この文章を読むときに、我々は世界地図をもう一回頭に入れないといけません。『歴史的現実』が発行された一九四〇年時点でのヨーロッパの地図を見てください。どういうふうになっているか。まだ独ソ戦は起きていません。しかし第二次世界大戦は起きている。枢軸側、もしくは枢軸側の占領地域でない国は？　中立国である当時のソ連。ポーランドは分割されています。チェコスロバキアは併合されている。ルーマニアはドイツと同盟国。こういう状態です。では、中立国はどこにあるか。ノルウェーとフィンランドはナチスドイツの同盟国です。北欧の中立国はスウェーデンだけです。ドイツとイギリスは戦争をしています。アイルランドは中立です。

ヨーロッパ大陸を見てみましょう。ヨーロッパ大陸で中立国は？　スイス、それからスペインとポルトガルです。スペインはフランコ総統の支配下で、ドイツに好意的中立。ポルトガルもサラザール教授の下でドイツに好意的中立。実は、アイルランドもドイツに好意的中立です、反英という観点からです。純粋中立は、スイスとスウェーデンぐらいです。それ以外は全部枢軸側。

この歴史的現実の中で、田辺元だけでなく、知識人は、なぜドイツだけがひとり勝ちをして、それ以外のヨーロッパは弱かったのかと考えるわけです。一人ひとりがバラバラになって、社会のことを考えないで、自分の経済的な生活のことだけを考えて、自発的なボランティア精神で社会建設をしないからではないか。要するに、ヨーロッパの頽廃《たいはい》と思想的な敗北だと考えたということです。建設の思想がドイツ以外のヨーロッパにはなかったと。

実際の日本の対外政策とはつながらなかった田辺の理念

そして田辺は言っています。こういう歴史的現実を理解するために読まないといけない本がありますよ、と。自由主義・理想主義の立場ですが、トレルチの『歴史主義とその諸問題』という書物の中に、歴史は文化の層が建設されることと理解しているが、これは文化史的な意味を持っているとある。トレルチの『歴史主義とその諸問題』を読めば、ヨーロッパの文化史は全部わかりますよ、と。

そしてヨーロッパを超克することが、日本にとっての課題であるという。トレルチの行き着いたヨーロッパは、結局は文化史と言っているけれども、弱い一人ひとりの人間、経済的には繁栄したいけれども、意志力が弱くて狭い範囲での利益しか考えない。究極的にはエゴイスティックな人しかつくらなかった。それをもう一回つくり直すことに成功しているのはドイツである。しかしドイツのやり方は強圧的すぎる。国家によって国民をねじり切っていく方法で、真のボランティア精神がナチスドイツにおいてはない。これが田辺の一番大きな批判です。我々は自由を担保しないといけない。そこでこのような言い方をしています。

〈「人間はゾーオン　ポリティコンである」と云うアリストテレスの言葉は、普通には社会的動物（social being）だという意味に無造作に解せられて居るが、アリストテレスの真意は、人間は国家に於てのみ最高の善を実現する事が出来、最高の生活をなす事が出来るということであった。そして私はその逆に、「善い国家は善い個人を通してのみある」ともいわねばならぬと考える。〉（前掲書、六二頁）

要するに、良い個人を通じて良い国家は実現されるということです。

〈併し之は単なる当為を云っているのではないという事は繰返して申した所であります。その実例は遠い所に求めなくとも我々の生れた此《こ》の日本の国家を考えて見ると、それが既に現実になっている事を認めねばならぬ。抑々《そもそも》天皇の御位置は単に民族の支配者、種族の首長に止まっていらせられるのではない。一君万民・君民一体という言葉が表わして居る様に、個人は国家の統一の中で自発的な生命を発揮する様に不可分的に組織され生かされて居る、国家の統制と個人の自発性とが直接に結合統一されて居る、之が我が国家の誇るべき特色であり、そういう国家の理念を御体現あらせられるのが天皇であると御解釈申上げてよろしいのではないかと存じます。又斯様《かよう》な内部的な組織の調和は対外的にも調和を伴う。それで日本の文化は排他的・閉鎖的でなく統一が開放的な意味を持っている。これがいろいろ難しい解釈のある八紘一宇《はっこういちう》という言葉の意味かと考えます。これは単なる当為や理想ではなく、日本の国家が現実自分の中に実現して居る所である。

併し統一には常に壊れて行く面がある。そこで常にこの統一が壊れない様に新に之を進めるのが当為であり、我々の努力せねばならぬ所である。〉（前掲書、六二〜六三頁）

天皇を無の特異点にしています。大日本帝国憲法体制下において、天皇には権力はありません。統治権の総攬者《そうらんしゃ》とはどういうことか。全体を見渡すけれども、軍事だったら軍事、経済だったら経済で責任を持っている。しかし法律は天皇の名によって発布されている。天皇の名によってというのは、その名を唱えることによって、法律をつくっている人たちが自分に私心がないのかと鏡に映すこと、自分が無私であるかどうかをチェックする機能だ、という考え方です。思想家の葦津《あしづ》珍彦《うずひこ》さんが、戦後によく整理しています。

天皇という特異点があるから、我々はボランティアが可能になる。そして日本は独自な社会国家になるという。対外的にも、天皇という特異点があるから、ナショナリズムとは異なるかたちの国家になる。それが八紘一宇というかたちでの、アジアにおけるモナドロジー的な共同体構成だという。

これは、実際に日本が行った対外政策とは、ほとんどつながりません。日本の対外政策を、理念上で整理したのは、京都学派の人たちぐらいです。右翼だったら大川周明《しゅうめい》あたりですが、軍事官僚たちはこういったことはまともに考えていません。非常に単純な帝国主義政策をやったのです。田辺たちは留保をちゃんとつけています。こういう統一は常に壊れていく、それだから、壊れないようにするのが我々の責務だと。

建設とは、先ほど言ったように過去からのしがらみと未来への理念、双方の圧力がかかり、断絶、裂け目が起きるから、思うとおりにはいきません。だからこう言います。

〈然《しか》るに建設は決して直線的・一次元的な連続とは考えられない。一見そう見える面があると共に層が重なっていると考えなければならない。（中略）歴史は連続と非連続との統一でなければならないのである。〉（前掲書、六三～六四頁）

ポストモダン思想は田辺元の反復だ

トレルチが明らかにしたような文化総合は、中世まで成り立っていました。ユダヤ・キリスト教の一神教の伝統、ギリシャ古典哲学の伝統、そしてローマ法の伝統、これを近代に世俗化することによって、産業化に成功して帝国主義化をしていった。その中で、ヨーロッパは地理的に拡大して、経済力もすごくつきました。このヨーロッパ精神を体現しているのが、アメリカでもあります。ところが、それが内部から崩壊してしまった。どうしてかというと、一人ひとりがバラバラになって、社会のことを考えなくなったからだ。英米やフランスの個人主義の限界と考えられました。ドイツにも限界はあります。それを乗り切るために、とりあえず力によって、国家による強制で建設をしようとした。そのすべての根っこにあるのが、キリスト教だ。キリスト教が諸悪の根源だというのが、この時点での田辺の考えです。

田辺は戦後になると、『キリスト教の弁証』という本を著しまして、キリスト教的な価値を全面的に認めています。この当時の歴史的現実の発想の限界によって、キリスト教、それから浄土真宗に対する信仰を認めることができなかった。自力信仰に頼っていたところに問題があると、他力信仰の発見に変わります。そのように変遷してくる部分ですが、ここは面白い。

〈一体何故に西欧の思想が技術とか科学とかを包み切れない様になったのか。近世欧羅巴精神の根本動力は基督教であり、その思想は終末観、即ち将来に於て人類の歴史の終末・行く先・目的を認めて歴史に意味を与えるものである。この人類の活動が一つの目標に向かって指導・統制されているという考えは現実が都合よく調和的に統一されている間は極めて有力な思想である。欧羅巴の近世に於てはかかる宗教的思想が倫理的精神を支持し技術的文化の原動力となったのである。併し現実が調和的に統一されている間はよいが、一度その調和が破れ、現実に喰《く》い違いが出て来た時には、この思想では収拾する事が出来ない。歴史は単に一方的に段々文化の発展に向かって進んでいるのではない。恰《あたか》も時の構造に於て過去と未来という相反するものが現在に於て統一されているように、統一の裏は分裂であり、綜合《そうごう》の裏は乖離《かいり》・疎外なのである。現実に於てはいつも肯定が否定と結びつき、善が悪と結びついている。善悪が結びつくから悪を通して善が実現されるのである。肯定・綜合の裏は直《す》ぐ否定・分裂なのであるから、善だとしてそこに安住しその立場に固着して、ただ慣習とか伝統とかに支配されていては、それは最《も》早《はや》善でなく怠慢と呼ばれる根本的悪にならざるを得ない。善悪は裏合せにくっついている。人間のもつ色々な力が統一的・調和的に現われる時それが善であり、この統一が破れる時それが悪である。この事は我々が具体的に現実を生きる時どうしても認めずにはおられない事である。〉（前掲書、六八〜六九頁）

ヨーロッパの文化総合は、確かに力を持っている。しかしその文化総合は、文化総合の中側、先ほど説明したように神の場所を心に持ってくる、世俗化を進めることによって、アトム的な個体化したバラバラな人間が出てしまった。利己主義な人間になってしまった。ヨーロッパの理念は素晴らしいけれども、それは、彼らが考える文化総合というヨーロッパの範囲の中でしか適用されないのです。アフリカでは、アジアでは、ヨーロッパ人たちは何をやったか。同じ人間を人間と見なさない、植民地支配をやった。人間扱いされないようなことを摂理とか伝統とか慣習といったことでごまかした。

ヨーロッパの知恵を日本人は吸収し、しかも植民地にならなかった日本は、反撃をしていった。ヨーロッパの近代科学という武器を逆用して、ヨーロッパに牙《きば》を剝《む》いた、ということです。

しかし世界で強いのはヨーロッパです。戦争は悪いことかもしれない。条約を守らないのは悪いことかもしれない。しかし悪と戦っていくためには、悪の力が必要です。だから、我々は自発的に悪を引き受けないといけない。こう、悪の倫理学に田辺は入っていくのです。善悪が結びつくから、悪を通して善が実現されるのである。こういう議論を組み立てたら、何でもありになってしまう。相当危ういところに田辺は入ってきています。

〈日本の国家は単に種族的な統一ではない。そこには個人が自発性を以て閉鎖的・種族的な統一を開放的・人類的な立場へ高める原理を御体現あそばされる天皇があらせられ、臣民は天皇を翼賛し奉る事によってそれを実際に実現している。従って他国に発達した思想も其の真理は日本の国体精神に摂取せられてゆくことが出来るのである。現に印度《インド》及び支那で重要な固有思想であった仏教は、今日日本に於ける如き力をもっていず、ただ日本仏教として独特な発展をなし今日に存続して居る。儒教の様な支那に於て発展した実践的思想もこれと同様である。斯く仏教・儒教は本国では生きた力を失い日本に於て却て真に生きた力をもっているが、更に我々は支那印度ではまだ十分取入れられていない西欧の技術・科学的文化を摂取して居る。〉（前掲書、七〇頁）

この日本の国体精神への吸収云々《うんぬん》を別として、ヨーロッパが内在しているものは、結局はバラバラな個体しかつくらなかった。ヨーロッパのつくり上げた大きな物語、目的論的な世界像は有効性を失ったという議論。これは、実は一九七〇年代の終わりから八〇年代にヨーロッパの中から出てきましたね、ポストモダニズムというかたちで。日本では一九八〇年代の半ば、バブルの流行とともにポストモダン思想が現れました。

ドゥルーズやデリダが持て囃《はや》されたとき、最もそれをよく読んだのは、電通や博報堂の人たちでした。小さな差異をつくり出していくところから価値をつくっていく。田辺元の発想を、我々は反復している。ただ、田辺は、それを超克していく特異点、無を考えようとしました。この天皇というのは、絶対無と言い換えてもいいと思いますし、田辺の言葉だと絶対媒介に言い換えたほうが、言っていることはよくわかると思います。

人間に死ぬ覚悟を持たせることになったテキスト

最後に少し長いところを読みます。ここを読んで、学徒出陣の学生たちは自分の命を国家のために捧《ささ》げる覚悟ができた。何千人、いや、何万人もの人間に死ぬ覚悟を持たせたテキストです。まさにこの箇所です。

〈兎に角先にも述べました様に、歴史は時間が永遠に触れる所に成り立つのであり我々個人はそれぞれの時代に永遠と触れて居る。個人は国家を通して人類の文化の建設に参与する事によって永遠に繋がる事が出来るのである。今日我々の置かれて居る非常時に於ては、多くの人が平生忘れていた死の問題にどうしても現実に直面しなければならぬ。皆さんのように一朝召される時は銃をとって戦場に立たねばならぬ若い人々はもとより、私共のような銃後の非戦闘民と雖《いえど》も、今日の戦争に於ては生命の危険を免れる事が出来ない。死は考えまいとしても考えざるを得ない真剣な問題となる。そこで生死の問題を、歴史に於て永遠に参与する立場から考える事がどうしても必要である。併しこの問題の解決は時間及び歴史の構造に就いて御話した事から既に暗示されていると云える。即ち我々が生きている事が死につつある事なのである。善悪と同じく生死は離れているものでない。我々は唯生きて居ると考えるから死を恐れるのであるが、死は始終実は生にくっついているのである。生の中に少しも死がはいらず、その生の流れが途切れて死に来るのならば死は問題にならない筈である。死が問題になるのは死に於て生きつつあると共に、生に於て死に関係しているからである。私は明日死ぬかも来年死ぬかも分らない。私が死ぬ事は決っている。唯何時死ぬかは不定である。永生という事が単に死なないということならば、それは我々に問題となる事が出来ない。所で我々が死に対して自由になる即ち永遠に触れる事によって生死を超越するというのはどういう事かというと、それは自己が自ら進んで人間は死に於て生きるのであるという事を真実として体認し、自らの意志を以て死に於ける生を遂行する事に外ならない。その事は決して死なない事ではなく、却て死を媒介にして生きることにより生死の対立を超え、生死に拘《かかわ》らない場合に立つという事である。具体的にいえば歴史に於て個人が国家を通して人類的な立場に永遠なるものを建設すべく身を捧《ささ》げる事が生死を越える事である。自ら進んで自由に死ぬ事によって死を超越する事の外に、死を越える道は考えられない。〉（前掲書、七一～七三頁）

ひと昔前までは「このような言説は皇国史観だ」、この一言で捨て去られました。ところが、東日本大震災、特に福島第一原発事故以降、リアリティをどう捉えるかということは、深刻な問題になっています。福島第一原発のあの事故のとき、初動において、命を懸けてあそこに取り組んだ人たちがいました。命のリスクを負うことによって、他の人類を救おうとするミッションでした。

このようなことを踏まえた場合、原発事故の処理をするために、自らの生命に害があることを覚悟して行く人たちがいた場合、ボランティアで行く人たちがいた場合、我々はどのように受け止めるのか。これは必要なことです。このような問題とのアナロジーで考えた場合、まったく古くない問題と言えましょう。

同時に、田辺元が言っていたのと同じような国際関係の緊張も現在生じています。これは戦前の思想です。我々の今置かれている状況も、戦前です。いつまでも続く戦前なのか、本当に戦争が始まって戦中になるかはわからない。中国との関係は十二分に緊張しています。日本が生き残るために、どういうかたちで我々は生死を考えるのか。中国が尖閣《せんかく》に上陸してきたらどうするのか。

二〇一三年一月一日の産経新聞一面トップに、中国が尖閣諸島あるいは宮古《みやこ》・石垣《いしがき》に上陸してくることを想定したマニュアルを、自衛隊は既につくり始めたと出ていました。軍事専門家から見ると、我々は戦前の状況に置かれていることは極めて明白です。答えが今のところは出ない問題です。

田辺のインチキなところを見ておかないといけない

私も外交官をしていたので、ある意味で国のために命を捧げるのは当たり前だという感覚です。しかし、当たり前だと、すぐに飛ばしていったらいけません。田辺の問題提起をもう一回受け止めるとともに、田辺のインチキなところをきちんと見なければいけません。

〈皆さんのように一朝召される時は銃をとって戦場に立たねばならぬ若い人々はもとより、私共のような銃後の非戦闘民と雖《いえど》も、今日の戦争に於ては生命の危険を免れる事が出来ない。〉(前掲書、七二頁)

これは空襲を意味しています。総力戦体制になって空襲されるから、銃後にいる、平和な場所にいる我々だっていつ殺されるかわからないという。しかし、実際に戦場に行く人間たちと、銃後にいて空襲を受ける人間たちとの間には、質的に相当な差があります。この質を無視することはできない。

それから、生きているということが死ぬことだと。死を媒介にして生きることによって、生死の対立を超え、生死に関わらない立場に立つという。これは階級のために生死を問わない、特定の宗教教団、カルト教祖のために生死を問わないということだって、同じ組み立てでできるわけです。

では、国家が特異点に立っていることを、どこで位置づけていくのか。ここは一見、尊王思想のように見えます。天皇という名前が出てきて、それが特異点であり、絶対媒介であるという。しかし、ここでの天皇は率直に言って deus ex machina（デウス・エクス・マキナ）です。「機械仕掛けの神」です。当時の時代状況において、天皇という言葉を使えば、そこである種思考が停止する。

彼が絶対媒介という言葉でこの議論を進めたならば、もっといろいろな議論が出てきたと思います。思考停止をさせる一つの道具として、天皇を使っているということです。裏返せば、田辺元は戦後に天皇を一言も使わないで、世界平和や国連主義というかたちで、自己の哲学を再構築することができたのです。

日本の最も優れた知識人である田辺が、そのような可能性を持った人間であったことは、間違いない。しかし、同時に日本の知識人が持つ、固有の狡《ずる》さと逃げがある。その逃げとは、突き放して言うと、私の中にもある狡さであり逃げです。

田辺はどうして戦後日本の知識人の間であまり議論されなかったのか。あまりにも彼は深いところに到達しているので、田辺について語ること、田辺について批判することは、ブーメランが必ず自分に向かってくることになる。それに耐えるのが大変だと思ったから、田辺と対決することを戦後知識人は避けてきたのではないか、私はこのように思っています。

（二〇一三年一月五日）

第三講　ヒューマニズムとは何か

コストをかければ何かができるという感覚は誤っている

今回は「ヒューマニズムとは何か」というテーマで話をします。多くの部分を務台理作《むたいりさく》という哲学者の『現代のヒューマニズム』という本の読み解きを中心に行いたいと思います。もう岩波書店からは絶版になっており、神保町《じんぼうちょう》の古本屋を歩くと五〇円ほどで出ています。

我々は人間の問題を、もう一回真剣に取り上げないといけない。たとえばヒューマニズムというと、それは素晴らしいものだ、ヒューマニスティックに持っていったほうがいいなど、よいものと考えます。ところが、最近起きたアルジェリアのイナメナスのガス関連施設の事件(二〇一三年一月に起きた、イスラム武装勢力による天然ガスプラント襲撃事件。日本人一〇名を含む四〇名が死亡した)。あれを行ったのは人間です。テロリストも人間なのです。人間をどう捉《とら》えるのかによって、ヒューマニズムの持つ意味はまったく変わってしまうのです。

真理は具体的です。イナメナス事件を見ていて非常に感じるのですが、確かに情報体制は強化しないといけません。しかし、軍人だから軍人を配置すれば情報がよく取れるなどとは、もう素人考え甚だしいです。アルジェリアに駐在武官を派遣したからといって、断言しますけれども、情報はまったく取れません。なぜか。アルジェリアで仕事をするためには、最低限フランス語とアラビア語が使えないといけません。フランス語とアラビア語の両方を使える防衛省の人間は、皆無です。

日本の官僚機構のシステムで、英語を除いた場合、外務省以外で外国語の研修システムを持っている組織はありません。大学の第二外国語は、実務にはまったく使えません。

第二外国語の教科書は、言語学者がドイツ語の構造はこういうふうになっている、フランス語の構造はこういうふうになっている、ロシア語の構造はこうだと、非常に少ない単語で言語の骨子を見るのにはよくできている。ところが、実用的な語学を身に付ける体制の教科書にはなっていません。

日本外務省の場合、私のころはまだソビエト時代でしたから、ソビエトではきちんとしたロシア語の勉強ができないので、アメリカのモントレーにある、NHKの大河ドラマ『山河燃ゆ』に出てきた学校にはロシア語科もあるので、そこで日本外務省の研修生はロシア語を勉強しました。あるいはイギリスのバッキンガムシャー州、ロンドンの隣ですね、そこのベーコンズフィールドにある英国陸軍語学学校で私はロシア語を勉強しました。

どういう勉強かというと、最初の六、七ヵ月は完全にマニュアル化されています。約一〇日に一回バッファーデーというのがあります。バッファーとは軍事用語で緩衝地帯。要するに、復習の日です。朝八時から一二時半までが文法、午後一時半から四時までが会話や演習。そして一日五、六時間かけないと消化できない代わり、どんな能力のない人でも机に向かえば消化できるという宿題が出る。さらに一日二五から二七の単語を覚えて、一日平均七のフレーズを覚えます。八ヵ月程度ロシア語の基礎を徹底的に叩《たた》き込む。その後モスクワで一年間研修します。家庭教師も付けて、かなり詰めた研修です。そのうえでモスクワの日本大使館に勤務しますが、当初は使い物になりません。新聞の二〇行ぐらいの一般記事を一つ訳すのに半日かかる、そのような状態です。

新聞の普通の記事を訳せるようになるのに二年。テレビ・ラジオの話を聴いて録音をして、その録音を聴きながら内容を起こせるようになるのに、だいたい三年。ロシア人と普通に意見交換ができるのに、四年。ロシア人の話を小耳に挟んで内容を取れるようになるのには五、六年かかります。だいたい一〇年やって初めて情報収集で使えるレベルの語学になるということです。私もモスクワに七年八ヵ月いましたが、本格的にクレムリンの中枢部で人脈ができたのは、六年目以降でした。

ロシア語はアラビア語と比べるとまだ簡単です。アラビア語は、研修メカニズムが整っていないうえに、アラビア語やヘブライ語は、存在概念そのものが違いますから。コピュラ（繋《けい》辞《じ》）、isにあたる動詞がない。ものの考え方の違う外国語を勉強するのは、非常に大変です。だから外務省でもアラビア語の研修期間は三年です。ロシア語よりも一年長い。語学の資質が比較的ある人間を集めて、なおかつ一〇年ぐらい訓練してようやく使い物になるわけです。

アルジェリアに駐在武官を付ければそれで情報が取れるというのは、そうしたことを全然わからない素人の考えです。言葉ができないとどうなるか。通訳を連れていきますね。通訳がいるところで、どこでテロリストの動きがあるかなど教えてくれるはずがありません。そういう常識がわかっていません。これは人間に関する感覚がわからないからです。コストをかければ何かができると考えている。

しかも新聞報道によると、ヨーロッパにいる駐在武官の数を減らして中東に回すという。まったく意味がない。ヨーロッパの駐在武官をつくるために、防衛大学校では英語・フランス語・ドイツ語・ロシア語・中国語を勉強します。さらに幹部大学校で勉強するから、合計六年。駐在武官はだいたい四〇代の頭ぐらいで赴任しますから、誰が駐在武官になるかが決まるのは三〇代半ばです。つまり、一人の駐在武官を準備するのに一〇年かかるわけですから、なかなか大変なことといえます。

しかしたとえばロシアでも、ロシア語で仕事のできる駐在武官はいません。外務省に出向している中で、私はロシア語で仕事できる他省庁の人間は二人しか見たことがありません。その二人とは海上保安庁の人でしたが、海上保安大学校のロシア語の先生でしたから別格といっていい。でもその人たちですら、政治や経済のテーマについてロシア語で処理することはできませんでした。パスポートをなくして困ったとか、強盗に襲われましたという、苦情の処理をする領事の窓口的なレベルです。政務や経済や文化をやるロシア語の力、外国語の力は、ものすごく高いものが必要とされるのですが、そのあたりがどうもわかっていない。
防大と幹部大学校で六年をかけてつくったヨーロッパ要員を中東に持っていくということは、今までの教育を全部無駄にするということです。国家の情報収集体制を弱くするようなそんなことを平気でやってしまう。なぜそうなるのか、ということが、今日の話でだんだんわかってくると思います。

人間の要素でうまくいった点

政府の悪口だけ言うのではなく、良い点もあげましょう。今回はアルジェリアで事件が起きたときに、城内実《きうちみのる》さんという政務官が偶然クロアチアにいました。この政務官を、急遽《きゅうきょ》安《あ》倍《べ》さんはアルジェリア入りさせた。結果はうまくいきました。城内さんは私より年次は三年ほど下のドイツ語のキャリアで、なかなかの逸材です。

通常ドイツ語のキャリアというのは、ドイツ語の勉強をあまりしません。どうしてかというと、ドイツは敗戦国なので、ドイツ語は国連公用語になっていないからです。しかもドイツ人のほとんどは英語ができるから、仕事は英語でできてしまう。ドイツの文学や哲学や文化を深くやる人は、キャリア職員としての要請はあまりないという。なぜいまだにドイツ語が外務省のキャリア研修語で残っているか、ということ自体が不思議です。これは戦前の日独伊三国軍事同盟の残滓《ざんし》だと思います。

城内さんは、ドイツ語キャリアであるにもかかわらず、総理通訳を務めています。総理通訳というのは、語学レベルが若手の中で上から三番目ぐらいまでに入らないと指名されません。努力家で、外務省に入ってからも手を抜かないできちんと勉強したということです。それからお父さんが警察庁長官で、警備公安肌でずっと来ていますから、過激派やテロに関しては皮膚感覚でよく知っている。

その彼が安倍さんの命令を受け、アルジェリアに行って、現地に対策本部をつくったわけです。そこで彼は何をやったか。錯綜《さくそう》する情報が入ってきますが、その情報の真偽をアルジェリア内で判断し、おかしなものは東京に報告しなかった。そしてイギリスやフランスと連携をして、アルジェリア政府と接触するための国際グループをつくりました。大使館などなくても、城内さん一人がいたから回っていたということです。

日本では錯綜した情報がたくさん来たとき、情報の価値をどこに判断してもらうかが重要になってきます。今回の安倍政権は正しかった。アメリカに頼らず、イギリスに頼ってイギリスの判断を仰ぎました。だから混乱することがなかったのです。

ミクロ面ではうまくできました。これも人間の要素です。ただ、マクロ面ではもうメチャクチャでした。これは日本の情報収集体制がまったくなっていないということです。

我々が思想や哲学、あるいは神学を扱うのは、このような混乱が起きた場合、氷山の上に現れた現象を正確に読み取るためには、氷山の下にあるものを捉えなければならないからです。真理は常に具体的なのです。

戦前日本のエリートは四分割されていた

そこで私は務台理作を取り上げようと思います。ヒューマニズムの問題、人間の問題を、務台理作は戦前から本当に真剣に考えた人です。隅谷三喜男《すみやみきお》さんもそうだと思います。ヒューマニストです。ただ、それ故の限界がある。というのは、いろんな留保条件はつけながらも、ソビエト型社会主義にはヒューマニズムを実際に実現できるものがあると、過剰な幻想を抱いてしまったのです。それ故に、目が曇ってしまった。ヒューマニズムについて徹底的に考え、徹底的にまじめに生きた結果、袋小路に入ってしまった思想家です。逆に言うと袋小路に入ってしまった思想家だから、一九五〇年代から六〇年代にかけて、ものすごく読まれました。

務台理作は、うちがあまり豊かではありませんでした。ですから、中学校・高校ではなく、師範学校から東京高等師範に行きました。東京高等師範とは今の筑波《つくば》大学、以前の東京教育大学です。

戦前日本の教育システムで優れていたのは、エリートが四分割されていた点です。今、日本はアメリカ型のシステムに則《のっと》り、エリートをつくるのは一本線です。中学校を終わった後は高校。職業科の高校もありますが、エリートになっていくのは職業科の高校ではなく、普通科の高校。そして四年制大学に行って大学院へ。こういう流れが一応できています。

それに対して戦前は、まず軍人か非軍人かで分かれました。軍人は陸軍幼年学校、あるいは中学校途中から海軍兵学校なり陸軍幼年学校に移る。そうした軍人としてのキャリアパスがある。

もう一つは、中学校から高等学校に進み、それから帝国大学に行くというキャリアパス。あるいは中学校から専門学校に行くキャリアパス。専門学校も東京商大、今の一橋《ひとつばし》に小樽《おたる》商大、それから大阪商大、今の大阪市立大学。こういったところは、ビジネスの世界では、東大の経済学部よりずっと活躍できる環境にありました。また実用語学、ロシア語や中国語は専門学校のほうがよくやっていましたから、レベルも高かったです。

ちなみに高校は国際基準では中等教育です。高校は高等中学校という意味になります。戦前の高校、いわゆる旧制高校への進学率は一％程度です。もっとも高校入試に合格すれば、東京大学の法学部など特殊なところを除いては、どこの大学でも行けましたので、事実上大学試験というのはなかったのです。ですから高校進学と大学進学の率はほとんど同じです。

私立大学はまた別の枠です。私立大学が今のように難しくなったのは、一九七〇年代の半ば以降で、それまでは圧倒的に国立大学のほうが難しかった。

しかし、今言ったようなコースに進むためには、最低条件として授業料を払えないといけません。親が仕送りをして子どもを下宿させるか、寮に入れてやらないと無理です。

そこに行けない子たちはどうするのか。成績は良くて中学に進学させたいが経済的余裕がない子どもたちは、小学校を卒業したところで師範学校に行きました。日本の教育は国家の礎であるという観点から師範学校の授業料は免除で、それだけでなく、寄宿舎の食費やちょっとしたお小遣いも国が出してくれました。師範学校を卒業すると、『二十四の瞳《ひとみ》』のように地方の小学校の先生になってそこへ赴任していきます。

高等師範学校は、そうした中で、師範学校の先生になる人たちを養成するためにあったわけです。広島高等師範や東京高等師範などが最高学府でした。でも高等師範を終えたなかには、学校の先生よりも研究者としての資質のある人がいる。そうした人材をきちんと教育しようとしてできたのが、東京文理科大学でした。その後の東京教育大学、現在の筑波大学です。その東京文理科大学を出た人は、だいたい東京帝大か京都帝大の大学院に行きます。そうして学究活動を続けていくのが、お金がない家庭で生まれた知的オリエンテーションを持っている人たちのキャリアパスでした。

だから、戦後にアメリカが複数あったキャリアパスを一本化してしまったのは、やはり良くなかった。ただ、これは穿《うが》った見方ではなくて事実なんですが、アメリカは日本が全世界を敵に回しても戦争ができたのは、日本の教育システムが良かったからだと考えたからです。だからアメリカと同じように一本化してしまおう。同時に中学校を高校に昇格させ、高校を大学に昇格させ、その結果、実質的な大学はなくしてしまうとの戦略があったということです。

だから戦前の大学の卒業論文は、今の博士論文のレベルです。大学に所蔵されている過去の卒業論文や修士論文を見ていくと、どんどんどんどん劣化していることがわかります。しかしそれは構造的な要因を持った、なかなか大変な問題です。

日の丸梯団事件

このように務台理作は叩き上げの知識人、叩き上げのインテリです。では、ヒューマニズムという観点で彼がなぜ出てくるのか。彼はマルクス主義には行けなかった。マルクスのテキストから見るマルクス主義と、ソビエトの現実にあまりに差があったからです。

彼は「菅季治《かんすえはる》のこと」というエッセイを書いています。『務台理作著作集』の第六巻に収録されています。菅季治とは、東京文理科大で彼が教えた学生です。務台と同じようなキャリアを歩んだ優秀な学生でした。京大の哲学で古典哲学を研究しているときに召集され、満州に連れていかれます。終戦後はソ連軍の捕虜になるのですが、ロシア語ができたので、ソ連軍将校の通訳にさせられます。

一九四九年に復員し、翌五〇年に上京。その彼を日の丸梯団《ていだん》事件が襲います。これは、当時の日本では結構深刻な事件になりました。前提として一九四九年の衆議院議員選挙で、共産党が四議席から三五議席という大躍進を遂げたという政治状況があります。「これは議会を通じて共産党を中心にした革命も近いのではないか」と、GHQも保守派も非常に緊張をしていました。そんななか、一九五〇年二月に、戦犯を除いた最後のソ連帰還兵のグループが帰ってきたのです。彼らはそこで次のようなことを公表しました。

自分たちがソ連のカラガンダに抑留されていた、一九四九年の九月一五日、エルマーラエフというソ連の政治将校が、日本共産党の徳田書記長の要請を伝えた。その内容は「反動者は日本に帰してくれるなと日本共産党は要請している。だからおまえらは帰さない」であった。その事実の真否を解明してほしいと。そしてそのときの通訳は菅季治であったと言ったのです。

菅は「それは事実と違う」と朝日新聞と赤旗に投稿します。日の丸梯団の人たちは「反動者は日本に帰してくれるな」とソ連の情報将校が言ったというが、そうではない。日本共産党書記長徳田は、「諸君が反動分子としてではなく、よく準備された民主主義者として帰国するように期待している」と言ったのであり、「帰国させないよう要請した」のではない。「期待している」と言ったのであり、要請はしていないと。当時のコンテクストでは同じようなものですが。

ところが、これが衆議院でも参議院でも大きな問題になりました。国会の参考人招致で、「本当は、おまえは共産主義の同調者ではないのか。だから本当は帰すなと言ったのを、故意に期待という通訳をしたのではないか。嘘をついているのではないか」と、徹底的に追及されます。その結果、彼は三鷹《みたか》駅の横で電車に飛び込んで自殺してしまう。ポケットには岩波文庫の『ソクラテスの弁明』が入っていました。

務台は自分の教え子の菅季治について、何度も何度も書いています。菅はソ連の政治教育を受けていたけれども、ソビエト体制にはどうしても納得できなかった。捕虜収容所でどういうことをソ連兵がやったか、満州でソ連軍が日本人に対して何をやったかをつぶさに見ていたからだ。しかし、少なくとも徳田球一《きゅういち》がソ連とつながっていて日の丸梯団の連中を帰すなと要請をしていたというのは事実に反する。菅は通訳として、言われたことを、その通りに言っただけであると。

菅の日記が出てくるのですが、彼はＧＨＱに呼び出されています。でも呼び出されて何があったのかについては書いていない。情報参謀ウィロビーの下にいたG2（連合国軍最高司令官総司令部参謀第二部）があたったのでしょう。下山《しもやま》事件や松川事件、三鷹事件で暗躍していたといわれる占領軍の中の謀略機関です。相当締め上げられたはずです。結局、菅は命を絶つという選択をした。

この教え子のことを考えながら、務台はヒューマニズムの問題に取り組んでいくのです。

宗教が基準で動いていた時代、国家が基準で動くようになる時代

彼のヒューマニズムに対する考え方は変遷していきます。まず、一九五二年の『近代のヒューマニズム』という本で、彼は非常に簡潔なかたちでヒューマニズムの規定をしています。

〈近世以後の人間概念はいわば三段の変化を遂げてきた。第一段は近世初期に現われたルネッサンスの人間概念であり、第二段は近世市民社会の市民的人間の概念であり、第三段はヘーゲル哲学の顚倒とその終結を媒介として行なわれた革命的人間の概念であり、今日はその進行の途上にあるものである。〉（務台理作「近代のヒューマニズム」『務台理作著作集　第六巻』こぶし書房、二〇〇二年【原著一九五二年】、一三二頁）

第一段は、イタリアのルネサンス。新興商業都市の貴族と、その下で活躍した学者・教師・芸術家・政治家・法律家らは、中世の教会の伝統と教義から離れ、人間の要素を重視する。だから彼らはギリシャやローマに回帰した、ということです。

二番目は宗教改革。宗教改革とは、自然的な人間像とはちょっと違って、倫理的な人間像だと言うのです。ちなみに、務台理作だけでなく、私が中学生、いや高校生ぐらいのとき、今から三〇年くらい前までは、ルネサンスと宗教改革は、近世もしくは近代に分類されていました。今の高校の教科書を見ると、そのあたりは曖昧《あいまい》になっています。

区分でよろしくないのは、岩波書店の『講座世界歴史』。これは二種類あるんです。一つは六九年から七一年に出た本。もう一つは九〇年代の半ばに出た本です。ジャーナリストや外交官にとって、九〇年代の半ばに出たほうは、ほとんど役に立ちません。どうしてか。時代区分をしていないからです。通史という考え方を拒否しているんです。通史や時代区分というものは、欧米の帝国主義者が力を以《も》って歴史を裁断していった歴史観にすぎないのだ、という考え方です。いわゆるカルチュラル・スタディーズとかポスト・コロニアリズム、ポストモダンの影響を強く受けていますから、物語を書くこと自体を拒否しようとの姿勢になる。そもそも歴史は物語ですから、非常に実験的な作業となります。

そうすると、フランス革命でもロベスピエールが何を発言したかとか、ジロンドからジャコバンへの権力の転化がどういうふうに起きたか、あるいはテルミドールの反動とは何だったか、といったことはほとんど出てきません。フランス革命におけるジェンダーであるとか、フランス革命期におけるハイチの黒人革命といった論考が入ってくるのです。バラバラの論集のため、実務には役立ちません。

時代区分という観点からすると、ロシアの歴史教科書は今でも時代区分をしています。ソ連時代から時代区分は基本的にいっしょで、ルネサンスも宗教改革も中世になっています。中世と近世の境界線は一六四八年です。要するに、三〇年戦争を終結してウェストファリア体制が成立することによって、国際関係は宗教ではなく家や国家という要因で動くようになった。その結果、近代的な国際法が機能し始めた。以上の理由から中世と近世の境目は一六四八年に置く、という考え方です。

このような時代区分は、第一講で紹介したエルンスト・トレルチと同じです。彼の歴史区分も、一六四八年までを中世としています。一六四八年で切るというのは、論理的に整合性があります。宗教が基準で動いていた時代と、国家が基準で動くようになる時代、その境目はウェストファリア体制だからです。

ルネサンスの特徴、自然な人間への手放しの肯定

務台理作に戻ります。

〈第三段は前述したように、ヘーゲルの死後、ヘーゲル哲学の顚倒運動（この中心としてまずフォイエルバッハが立った）を媒介として、市民社会に対するはげしい不信の下に現われた二つの人間観を示す。一つはイエス・キリストの死後の一千八百余年にわたるキリスト教の歴史を一挙に空白にしようと決断して、いま一度イエス・キリストのもとに立ちかえろうとしたキルケゴールの殉教者・使徒的人間観であり、いま一つは市民的身分からの没落を余儀なくされて本来の人間性を疎外されているプロレタリアートの側に立って、これを市民的人間に対する革命的人間にまでとり上げ、これに歴史の将来を委託しようとするカール・マルクスの人間観である。これはヘーゲルではまだ一つであった内部的人間の統一、あるいはキリスト教的人間とギリシア的人間の統一が二つにわかれ、それぞれが特別の意味をもった近代意識を通して独自の存在を要請するに至ったものとも考えられる。この両人において前述したような人間観の変革が現われたのである。〉（前掲書、一三二頁）

一九九〇年代以前、八〇年代までの哲学の教科書では、現代哲学の項を開けると、基本的にマルクス主義と実存主義、それからプラグマティズムの三つが書かれていました。ヘーゲルからキルケゴールに分かれたのが実存主義になり、マルクスに分かれたのがマルクス主義、共産主義になったという腑分《ふわ》けの仕方は日本独特です。このような見方の最初の一人が、務台理作だと思います。

さて、三段階のヒューマニズムが出そろいました。ルネサンスから始まったヒューマニズムは過去に帰り、自然というものを見直す。続いて宗教改革によって人間の内面に入っていき、人間の心を見直す。そしてヘーゲルになって自然、心を統合して歴史の中で人間の問題を見ていく。それがさらにキルケゴールの系統とマルクスの系統に分化していくと、こういう分節化を務台理作はしています。

この現状認識は面白いし、いい。彼は、まずヒューマニズムに関する簡単な定義を『現代のヒューマニズム』という作品で行っています。

〈このようにヒューマニズムにはいろいろの形があるが、これに共通するものは、人間の生命、人間の価値、人間の教養、人間の創造力を尊重し、これを守り、いっそう豊かなものに高めようとする精神でしょう。したがってこれを不当に踏みにじるもの、これを抑圧し破滅させるものにたいしてつよい義憤を感じ、これとのたたかいを辞しない精神です。これは人間存在の正義観、平等観、幸福感と結びついているものです。〉（務台理作『現代のヒューマニズム』岩波新書、一九六一年、四〜五頁）

人間は本来において、共感する能力や自由を愛するものだ。このような人間観が前提です。共感する能力や自由を潰《つぶ》そうとするものに対しては、人間は抵抗していく。だから、ヒューマニズムは抵抗権と合わさっているという。具体的には、ナチスに対してペンをもって抵抗した白バラ運動の話が出てきます。これは、一九四二年六月に、ミュンヘン大学のカトリック系の学生たちが反戦のガリ版刷りのビラを頒布した運動です。

ところで自然な人間とは、何でしょう？　自然な人間は自由であり、固有の権利を持っている。こんなふうに自然な人間を手放しで肯定的に評価するのは、ルネサンスの特徴です。そして、近代的な自然法は自然に反する、という立場ともなる。

白バラ運動はカトリックの運動でした。第二次世界大戦時、ドイツでは、カトリックはほとんどがナチスに抵抗しました。それに対してプロテスタントの圧倒的多数は、実はナチスに迎合しました。カトリックの論理は比較的簡単です。ナチスがやろうとしているのは、自然の秩序を壊すことだ。神様は、二つのかたちで神様の意思を我々に示している。一つは神の言葉による啓示。預言者であり、最終的にはイエス・キリストを送り出す。もう一つは創造です。環境の中には神様の意思が入っているわけです。ですから、カトリックにおいては、さほど神学的な操作をしないでエコロジーの神学をつくることができます。自然に反する、と言えばいいからです。このように神様がつくった秩序と違う、というかたちでナチズムに抵抗ができるのです。

一方プロテスタントは、特にカール・バルトやヨセフ・フロマートカを中心とする弁証法神学、知的に洗練されたグループは自然に価値をまったく認めません。神の意思を自然の中でまったく認めません。ちなみにバルトの考え方は、カルバンの傾向をそのまま引いています。バルトやカルバンの思考の図式は、アルカーイダと近い。要するに、自然やヒューマニズムにまったく価値を認めず、最終的には神の意思、その一本に集中していくことになるわけです。

真理というものは、常に危ない線を走るのです。これは、今日の一番大きなテーマになります。

原罪を持つ人間の世界に良いことは原則的にない。それが自然

ヒューマニズムの原点というかたちで、抵抗や自然の秩序がキリスト教と結びつくのは、カトリシズムでは普通です。ところがプロテスタントでは、むしろ例外的なのです。

〈ヒューマニズムは人間の生命、人間の価値、人間の創造力を全面的に肯定し、それをいっそう豊かなものにするために、これを不当におびやかし押しまげる一切の非人間的、反人間的な力とたたかわねばなりません。〉（前掲書、二七頁）

これは近代以降の現象です。中世までは違います。この世の中には病気がある。疫病が流《は》行《や》る。ペストが流行る。差別がある。残虐な事柄がある。これが中世の自然です。なぜ？人間は原罪を持っています。原罪を持っている人間の世界において、良いことなど原則的にあるはずがないからです。そうなると、悪ければ悪いほど、自然だということになります。だから、地上における自然法には、悪事がそのままある。身分差別がそのままある。これが自然な状態です。我々の罪から悪が生まれ、それがもたらしたものということになる。そうすると、平等であり理想的な状態である自然法というのは、天上でしか適用されない。このような発想になるわけです。

中世においても自然法はありました。ただ、原罪観によってネガとポジが逆になっても、そこに人間は特に抵抗感を覚えなかったわけです。そういうものだと考えた。その天上を、地に下ろしてきているのです。

次に面白いのはここです。

〈絶対主義にたいする抵抗の精神を貫いているものは、市民の人格意識に基づく個人主義的ヒューマニズムでありました。彼等は封建的絶対主義と対立したのですが、近代社会の形成には調和が大切であると考えていました。彼等は健康な知性に信頼し、人間と自然、人間と社会の間の関係は「調和」によって解決できるものと信じました。もちろんその関係の中に矛盾のあることを認めなかったのではないが、その矛盾は「調和」によって解決されるものと信じていました。ライプニッツのモナッドとモナッドの予定調和論はもちろんのこと、ルッソーの共同意志、カントの第三批判書における調和の原理等、これらはすべて予定調和の哲学といってもいいほどです。〉(前掲書、三四頁)

調和とは、均衡という考え方でもいい。市場において売り手と買い手がいれば、理想的な均衡のモデルができてくるという発想も、基本的に調和のモデルです。

アベノミクスは、調和のモデルと期待のモデルがゴチャゴチャになっています。アベノミクスのすごいところは、論理的には明らかに矛盾するものを全部同じザルの中に入れてぶん回しているところです。こういうやり方で、過去に成功した例はあります。ドイツのシャハトの経済学、ナチスの経済学ですね。矛盾するものをいろいろ入れていたのですが、うまく回ったように見えました、一時は。最終的にはドイツ国家自体の崩壊を招きましたが。

ここで重要なのは、モナドの考え方です。モナドとは、原子ではない。アトムではありません。アトムとは全部同じということ。それを合わせたり、バラバラにしたり束ねたりすることによって、世の中は成り立っているというのが、アトムの考え方です。選挙もアトムの考え方です。みんな一票ずつ。みんなの能力は基本的に同じ。その総和で計算していくという発想です。

それに対してモナドは違います。モナドは、一つ一つが全部違う。それから消し去ることはできない。その代わり、つくり出すこともできない。それぞれ大きくなったり小さくなったりします。しかもモナドは、隣のモナドと出入りすることはできない。いっしょになることもないし、出入りする窓や扉もないという言い方をライプニッツはしています。ですから、人の姿を見ることによって、自分の姿はこういうものだろう、とだいたい想像することしかできません。

モナドをもっとイメージしてみましょう。部屋にいっぱい風船がある。その風船には目に見えない糸が付いていて、風船を根っこで握っているのは神様です。ところがその風船、あるときは一つの風船が大きくなり、あるときは別の風船が大きくなります。この風船が部屋に満杯になっていて、大きくなったり小さくなったりして調和ができている、こういう考え方です。

このモナドの発想は、大東亜共栄圏の発想でもありますし、ファシズムの発想でもあります。それからEUの発想でもあります。TPPの発想でもあります。いろいろな勢力圏が切《せっ》磋《さ》琢《たく》磨《ま》していくというのは、基本的にはモナドロジーのモデルです。モナドロジーは全体主義です。全体というのは必ず複数ある。ですから、全体主義とは多元主義でもあるのです。

第二次世界大戦後、全体主義に関する常識的な考え方や哲学的な通説が崩れてしまいました。実は、全体主義と普遍主義を勘違いしている、混同している。今、日常的に言われている全体主義は、普遍主義です。一つの原理によって世界全体を覆ってしまうというのは、全体という発想ではなく、普遍です。アルカーイダの考え方は基本的には普遍主義です。カトリシズム、まさにカトリックとは普遍的という意味ですから、普遍的な教会であって、民族やジェンダーや歴史を超えて、単一の支配体制の中で所属するので、カトリシズムは基本的に普遍主義です。それに対してプロテスタンティズムは全体主義です。モナドロジー的な構成を取ります。

この講義で少しずつ何をやっているかというと、言葉の悪魔祓《ばら》いをやっているのです。全体主義や、前回の帝国主義やファシズムといった絶対悪みたいな言葉、あるいはヒューマニズムや絶対善であるような言葉は、その言葉が持っている歴史的な経緯や概念とは違う、ということを少しずつ解き明かしていくのです。

一回目の講義と比べて、二回目、三回目の連続講義は、かなり詰まっていて複雑だと思います。連続で聴いておられる方は、今日の話についてくることはできると思いますが、今日初めて話を聴いた人は結構難しいのではないでしょうか。それは裏返すと、螺旋《らせん》を描きながら、こちらも計算しながらやっているからです。

テキストに即した読み解きは、意外と難しい。このテキストの中からどの部分を圧縮していくか。私はこの講義をやる前に、一〇回この本を読みました。六冊買ってきて六回本を替えて、残り四回は全集版で読みました。全集版で読むとイメージは変わるからです。昨日、半徹夜ぐらいしてもう一回新しい本を持ってきて、今朝線を引いてきました。線を引いた場所は何回も変わりました。ぎゅっと圧縮したのです。この本は、読み流せば四、五時間で読めます。しかし、それを圧縮して一時間程度で本当のエッセンスを出していくのは、結構難しいのです。

ヒューマニズムは個人主義でも合理主義でも生命至上主義でもない

テキストに戻ります。

〈かつてキェルケゴールが『死にいたる病』の中で、近代人が不安と絶望に気づかずにいるということこそいっそう不安と絶望に陥っている証拠であるといったように、現代人の疎外を疎外として意識しないという無思想性こそまさに疎外されている証拠ではないでしょうか。〉（前掲書、三八頁）

我々は、この問題を一番に解き明かさないといけないのです。「別に特に問題ないぜ」と思っている人に対し、キルケゴールは「おまえ、絶望的な状況にあるのに全然絶望について感じてないいな」と指摘した。これを、彼は非本来的絶望と名づけた。どういうふうにして、まず絶望的な状況だと知らせるか、ここなんです。

〈現代は人類全体の歴史において最大の危機にさしかかっている時期であります。現代は戦争の時代ともいわれます。世界大戦が二回もつづき、さらに大規模な朝鮮戦争がたたかわれた。戦争ほど大量に人間を疎外するものはありません。それは人間の可能性をその生命とともに根こそぎに奪いとるからです。よく戦争は新しい技術を生み出すというが、すぐれた技術が戦争から生れてくるとみるのは甚だ危険な思想です。技術の意味は、それを何に用いるか、それによって人間と自然、人間と社会の関係がどのように改造されるかという問題を通して明らかにされるべきものです。つまりヒューマニズムの問題と関係しているのです。〉（前掲書、三八〜三九頁）

この後、彼は技術論に行きます。人間的なものと非人間的なものと反人間的なものに分けるのですが、彼は技術を非人間的なものに入れます。この技術観は、結論から言うと大変に問題があると思います。彼は論理的に原発容認です。原発は非人間的なものだが、反人間的なものではない。反人間的なものにしているのは、原発を使っているシステムの問題だ。彼の論理からは、こう引っ張ることができるのです。

また、彼は植民地解放戦争を認めます。侵略戦争に対抗する戦争は認めるという立場です。一九六〇年代の段階では、左翼的な陣営でも、まあ、そんなもんだったでしょう。たとえば原発の問題も、共産党はついこの前まではトリウム発電賛成で、原発は安全な原発でないから反対という立場でした。原子力は素晴らしいものだ、原発反対は歴史を逆に回す発想だということで、社民党とは決定的に違いました。社民党は、状況はよくわからないけれど、原発は絶対反対、こういう理屈を超えた超越性で反対していますね。

さて、侵略戦争には反対だが、防衛戦争はやむを得ないということになりますと、尖閣《せんかく》は日本が実効支配しているのですが、そこに軍用機を入れたりしてきているのは、中国です。これは第三者的に見ても、我々のほうが侵略されている側です。そうすると、日本が中国の侵略を撃破するための戦いは、務台理作の発想からすると、聖戦論として断固認められないといけないということになる。この論理連関の問題は非常に面白い。

話を戻します。白バラ運動を行ったショル兄妹《きょうだい》は、ギロチン刑になります。大学の先生も殺される。一人の人間が、圧倒的に立てない、勝てないところの戦いにどうして挑んでいくのか。

〈近代人の疎外によっても全体的人間は没落しつくしたのではありません。たしかにそれは私有財産制度、高度の商品生産社会の下で、おしひしがれ、ひき裂かれているが、決してその生命を失ったのではない。それは『白薔薇』の記録でもよくわかることです。ナチスの暴力もこの全体的人間を圧殺しつくすことはできませんでした。〉（前掲書、四〇頁）

ここでの人間は明らかに個人ではありません。個人が死ぬことがあっても、それによってドイツ人の名誉と尊厳、ドイツ人の全体の人権が守られ、ナチスが倒れていくということになった。種としての人間です。田辺元が『歴史的現実』で言っている、種としての人間という考え方と同じです。そうするとこの考え方は、ナチスへの抵抗で死ぬという、抵抗の論理でも使えますし、悠久の大義の下でわが民族のために命を投げ出すということならば、靖國《やすくに》の論理にも転換することができるわけです。

ここで彼が考えているヒューマニズムとは、個人主義ではありません。合理主義でもありません。生命至上主義でもありません。彼の中ではよく整理されていませんが、明らかに彼は西田幾多郎《きたろう》の教えを受けています。西田哲学的な発想が入り、田辺元にも通底するようなところが、ところどころ出てくるのです。

白樺派的なヒューマニズム

日本のヒューマニズムはどうしてダメになってしまったのかという考察は、非常に優れています。日本のヒューマニズムを独占したのが、白樺派《しらかばは》だからだという。北村透谷《とうこく》や二葉亭《ふたばてい》四迷《しめい》の流れとは違う白樺派、オールド・リベラリズムですが、有島武郎《たけお》、武者小路《むしやのこうじ》実篤《さねあつ》、高村光太郎《こうたろう》らは、どうしてダメだったのか。

〈白樺派の人は貴族の学校に学び、そこで同志的なつながりをつくり、また実生活の苦労を経験しないという点で共通したものをもっていました。その身辺の関心事といえば、男女の情事、先輩後輩のもつれ、母校学習院にかぶさってきた国家主義への反撥などであったようです。いずれにしても調和の思想を根底としたきわめて善意の個人主義ヒューマニズムであったことは事実です。

こういうヒューマニズムは西欧からもち込んだものですが、どうしてそれが同人の生活意識の中へ根を下すことができたか。それには白樺派の人が明治四十三年の大逆事件について、どう反応したかという点を見きわめて見ることが一つの手がかりになるのではないか。もし白樺派が明治三十年代のキリスト教社会主義ヒューマニズムとなんらかのつながりがあるならば、かならず大逆事件への反応があるはずです。永井荷風も、この事件にはやはりヒューマニズムの正義感から反撥し政治への非協力の態度をかためているが、白樺派の人たちはどうだったのでしょうか。

この人たちに全然反応がなかったのではないのですが、目立つような反応はなかったのではないでしょうか。これは一つにはこの事件にかんする正確な報道が禁止されていたことにもよるでしょうが、だいたい白樺ヒューマニズムは典型的な観念論ヒューマニズムでしたから、大逆事件の主派であった行動アナーキストにたいしては、むしろ反感をもっていたのではないでしょうか。〉（前掲書、四六〜四七頁）

すごくいいポイントを指していると思う。学習院にいるお坊ちゃん、お嬢ちゃんたちで、人間的なものに対する国家主義的な圧力は嫌だ。家庭の縛りによって自由に恋愛ができないのも嫌だ。家族関係に縛りつけられるのは嫌だ。立身出世で人間の価値が決まるのは嫌だ。そういうところはあったけれども、有象無象みたいなアナーキストや労働者など、不逞《ふてい》の輩《やから》みたいなのが集まって暴力的なことをするのは、自分たちと関係なしに下品なことで嫌だ。こういう感じだったという。日本のヒューマニズムは、下品なところから距離を置き、専ら関心は先輩・後輩の軋轢《あつれき》や、あの先輩が僕のことを見て目を逸《そ》らした、何を考えているのだろうとか、他の後輩をかわいがるとか、そのようなところに向かっていたと。

務台理作はどうしてこういう目を持つのか、が大事です。務台理作がもし学習院出身で、親が華族や大資本家で、お金はいくらでもあるから、君、自由に勉強しなさいという環境だったら、彼は白樺派に近いところにいたかもしれない。ところが、彼は自分では学費も出せないようなうちの子どもで、秀才です。だから師範学校から高等師範に行って、京都帝大に行く。そういう道を歩んでいる。京都帝大に行くのも、他の中学校・高校から来た連中と比べると一〇歳ぐらい遅れているわけです。その立ち位置にいるので、彼には見えるのです。

だから務台理作は役に立つ。白樺派的なヒューマニズム、もう一生食べる分のお金は別途銀行に積んであるので自由にやっていい。そこのところから考えが出てくるとなると、おそらく私だけでなく、ここにおられる方もちょっと違う世界だな、と思ってしまうでしょう。我々は全員、自分の生活は自分でやっていかないといけない、という状況ですから。務台理作は、地に足が着いている思想家です。

地に足が着いているがゆえに、組織に入って思考停止することもやめた。共産党や社会党にも行かない。かといって、孤立して自分だけが偉いという感覚にもならない。なんとか世の中の連帯というものを考えている。まだ市民運動なんてない時代です。啓蒙的《けいもうてき》な方法ですが、彼は人びととの連帯を考えていたのでしょう。

"日本人は欧米で言うところの人間ではない"

中学校・高校の教科書には出ていますが、今、白樺派と言っても誰もわからないですよね。有島武郎の『或《あ》る女』は、今読んでも面白い小説だと思います。

〈明治以来のヒューマニズムの代表として白樺派をとり上げてみましたが、いっぽん的にいうと、明治以来西欧近代ヒューマニズムの危機をほとんど意識せずにとり入れたため、何といっても生活意識の中に濃厚にのこっている土着的・封建的なものと、絶対主義的なものと、西欧的なものとの不思議な共存が伴ったと思います。西洋に見られない形で異質的な思想が、格別の問題意識なしに共存するということになった。徳川三百年の封建制度の中で形成されてきた儒教的ヒューマニズム、町人の人情とモラルに基づく庶民的ヒューマニズム、もののあわれを中心とする国学的ヒューマニズムなど、こういうものと西欧市民的ヒューマニズムとが、平気で共存するというようなことがあったと思います。それで西洋思想からみると、まったく共存できないものが平気で共存するようなことがおこる。〉（前掲書、四八頁）

だからアベノミクスも起きるのです。外国では起きないことが起きる。

〈ヘーゲルの弁証法の思想が無媒介に禅思想と結びついたり、カントの倫理思想は朱子学派の倫理思想と同じ種類のものとか、あるいはスペンサーの有機体説が日本の国権論と結びつくというようなことです。また反対に西洋において一つに結びついていたものが、日本ではまったく別個のものとして別々に受け入れられるというようなことも起りました。プロテスタンチズムの人間観と近代資本主義の精神の関係のごときです。マックス・ウェーバーのすぐれた研究を知ることがなければ、この両者の結合というようなことは、日本人にはほとんど考えにくいことではなかったでしょうか。とくに敗戦後は、世界史的な状況と日本的な状況の間のズレが日本人の人間観を混乱させ、左翼的人間、右翼的人間、官僚人、テロリスト、まったくの無思想的人間、てっていした個人主義者、一切に中立を装う不思議な知識人などが出現しました。こういう点から見ても、思想としてのヒューマニズムを確立することが大切であります。〉（前掲書、四八〜四九頁）

一言で言うと、日本人はどうも欧米で言うところの人間ではない、非常に不思議なものになっているということです。重要な問題提起ですね。

この問題提起をきちんと進めている一人が、柄谷行人《からたにこうじん》さんです。柄谷さんは、どこに行き着いたか。日本語の問題に行き着きました。漢字かな併用制について考察します。これはカタカナでもいい。漢字に関して、大和《やまと》言葉に訳さないで漢語のまま、なんとなくわかったつもりになっているという。今でもマニフェストやアベノミクスなど、意味は全然わからない、消化できないけれどもなんでも入れてしまおうとする、ということです。その原因は、この言語の構造の中にあるという指摘。言語の構造は変わらないから、ある意味では柄谷さんの諦《あきら》めですが、やはり同じ問題に気づいているのです。

これは、務台理作のような人が問題として提示したことは、彼自身が解決することはできなくても、同じ問題がまた噴き出してきて、何度も何度も議論されるということです。その土俵を知るためにいい事例です。

思想的なラジカリズムと行動上のラジカリズムは反する

さて、思想と現実の関係。

〈思想にだけ走って思想過剰になると、現実を遊離して独善的となり、実行力に乏しく空虚なものになってしまいます。（中略）これに反して行動のみに走ると、直接行動第一となり、思想の操作を迂遠とするような、きわめて近視眼的な、時には盲目的な行動主義に陥ってしまう。それは行動一本の無思想になるか、あるいは直接行動にとって都合のいい単純な思想だけに偏向してしまう。直接行動派にはきわめて単純な、時には明白な矛盾をふくんだ貧乏くさい思想と、はげしい感情とを伴うのがつねです。〉（前掲書、五三頁）

よく見ています。思想的なラジカリズムと行動上のラジカリズムは、関係ないどころか、むしろ反するという。激しい行動を、最近は在特会みたいな人たちが取っていますが、それは思想がまったくないからできるのです。

ヒューマニズムの思想として、彼は四つ重要なことを指摘していきます。一番目。

〈第一は、どのような思想も行動への可能性をもつために生活意識（実感）に根ざしていなければなりません。〉（前掲書、五四頁）

実感から離れたところに思想はありません。これはむしろプラグマティズムと非常に関係しています。真理は具体的であり実践的です。

〈次に第二の段階として、この生活意識の上に立つ「意見」が現われてきます。意見というのは、生活意識の中でムード的に吸い上げていたものを最も素朴な思想の形で表現したものです。〉（前掲書、五五頁）

なんとなく感覚で持っているものに対して、学術的な操作や訓練を受けないで思ったことをぽろっと言うのが意見。ギリシャ語のドクサです。ドイツ語ではマイヌンク、臆見《おっけん》です。

これに対立するのは、ギリシャ語ではエピステーメーです。本当の知識、エピステーメー。だから我々は、ひと昔前の言葉で言うとインテリ、知識人階級です。

旧ソ連では、自分の出身階級を書きました。階級欄も三つありました。もう資本家はいないことになっていますから、労働者階級、農民階級、もしくはインテリ階級。レーニンがインテリは独自の階級ということにしたのです。では、インテリとは何かというと、意識は小ブルジョアジーだとレーニンは言います。生活実態はプロレタリアートだからです。だから、我々の置かれた状況を非常に正確に表現していると思います。

調停する、という基準のないヒューマニズム

第三段階。

〈第三段階として、この意見がただ自分の実感としてでなく、他人、社会、自然の関係において、理論的、体系的なものとなり、自分だけでなく他人の行動の可能性をもその中にふくむようになると、これを世界観思想とよびます。〉（前掲書、五六頁）

共同主観性になってくる。あるいは間主観性になってくるということです。こういう見方を、務台理作はどうしてするのか。それは、フッサールの教えを直接、彼はドイツに留学したときに受けていたからです。まだ現象学がやかましく言われる前の時代に書かれたものですが、現象学的なアプローチでもあるのです。

そして最後、四番目。

〈そこで第四に、最後の段階として、実感、意見、イデオロギーの反省的綜合として、「意識から認識へ」の昇華が行われます。それは論理学、社会科学、自然科学、世界歴史などの確実な認識によって媒介されて上昇するとともに、実感、意見、イデオロギーへのつながりを保つものとして、行動への可能性を含み、この可能性によっていっそうその理論を深めていくような思想の段階です。〉(前掲書、五九頁)

理論即実践、実践即理論の段階になっている。マルクス主義的に言うなら、理論と実践で有機的な結合地点に行っているのが最終的な段階です。ヒューマニストというのは、かわいそうだねと同情するのではなく、なぜかわいそうな状況が出来てくるのか、その状況はどうしたら解消できるのか、それだけではない、その状況に対する自分の責任は何なのか。それを追究するのが現代のヒューマニズムということなのです。

この本は一九四五年以降のコンテクストで書かれているので、非常に左翼的な匂いがします。しかし彼は一九四〇年にも河出《かわで》書房から『二十世紀思想』というシリーズの第八巻で、「全体主義概論」を書いて、この中で逆に全体主義は多元主義であると言っています。アメリカやイギリスという帝国主義国が押し付ける資本主義的な力による普遍主義。これに対しては全体主義で抵抗していく。そこの論理を詰めていくと、靖國の思想につながる論理構成も持つことになります。

その影がやはり残っています。

〈戦争反対論にたいして、そういう核兵器を用いる大規模の侵略戦争は絶対に許されないとしても、植民地あるいは半植民地が民族解放のためにひき起す独立戦争は許されるかどうか、それもまた戦争の故をもって否定されるのかという疑問が出ることと思います。一切の直接的暴力行為を否定するヒューマニズムの立場からこの問題をどう考えるべきであるか。この問題は本書のVの2で詳細に論じたいと思っておりますが、ここで私たちの関係してきた範囲で論じますと、ほんとうの独立のための戦争、正義のための戦争は正当化され許されるべきだと思います。というのは、植民地の存在というものはもともと先進国の帝国主義侵略から出たものであるからです。これに抵抗するのは、そ

の民族の正当の権利であり、世界の輿論もその独立に協力する傾向を強めているからです。〉（前掲書、六三頁）

そう言うなら今の中国は明らかに、帝国主義国です。中国の帝国主義的な拡張戦略の一環として、第一次列島線というかたちで琉球《りゆうきゆう》（沖縄）を影響下に入れようとする。これは明らかに形を変えた植民地政策です。務台理作の立場からするなら、それに対して武器を取って戦うことは、聖戦論の観点から認められるわけです。

〈やむをえず解放戦争がはじめられるとすれば、人類全体の協力によって、最小ぎせいの段階においてこれを成功裡に終結させること、これが人類の尊い義務であり、人類ヒューマニズムの目ざすところもここにあると思います。〉（前掲書、六五頁）

逆に中国の側からすると、中国のもともとの固有の領土だった尖閣、さらに歴史的領土であった琉球、これが日本の占領下に置かれている。そこから解放するための戦争は必要だとの主張が成り立つ。務台理作の議論は、中国側の聖戦論としても使えるわけです。

ここにヒューマニズムの問題が一番表れていると思います。ヒューマニズムとは人間に価値を置く。人間が組み立てる理屈は複数出てきますが、調停をする基準がないのです。ヒューマニズムは人間が神になってしまいます。人間同士の争いが神々の争いになってしまうのです。

疎外と企業の力の強さは関係している

この本で特に優れているのは、疎外に関する見方です。ヘーゲルの精神現象学における疎外論を非常に上手にまとめていると思います。

〈原語は英語では alienation フランス語で aliénation ドイツ語で Entfremdung ですが、これを哲学上の用語としてはじめて用いた人はヘーゲルです。彼の一八〇七年の『精神現象論』の中で、主体が自らのはたらきによって作り出したものが主体から独立し、主体に対立するものとなり、逆に主体を否定すること、これを主体の疎外といいました。〉（前掲書、八四～八五頁）

フレムトというのは foreign、異質ということ。エントというのは遠ざけるということです。

〈彼はこのような主体として精神のはたらきを考えていましたから、疎外とは精神の疎外、すなわち精神が自分で作り出した対象物によって逆に規定されること、すなわち精神の否定を意味しておりました。そして精神が精神として発展するためにはその動的な契機としてこのような否定をもつことを必然とすること、この否定を避けず、この否定にうち克って、疎外の状態からふたたび精神自身に立ちかえり、それによっていっそう豊かな精神的内容を獲得する過程を考えたのでした。

だからヘーゲルによると疎外の過程として、(1)精神が一つの固定した実体でなく、活動的な主体としてその対象（客体）を作り出すこと、(2)ところがその対象はひとたび「対象」として作り出されると、それ自身で精神の外に自立するものとなり、逆に精神に対立し、精神の他者として精神を規定すること、(3)精神は精神としてこの否定を自己否定として自分の中へ内在化し、それを発展の内在的契機として新しい内容を作り出すこと、こういう三つの段階が考えられる。精神は自分のはたらきによって自分から対象を作り出すのだから、その対象によって否定されることは自己否定になるわけです。

自分の作り出したもの、すなわち自分を外に表現したものがそれ自身で自立するものになり、自分に対立するものとして自分を否定してくる。これがヘーゲルの精神の疎外の意味でありました。しかしその否定にうち克つことによって自分がいっそう豊かな自分になる。ヘーゲルの『精神現象論』はこういう精神概念の操作を一つの段階から次の段階へと進めていくのですが、かような「疎外された精神」として、外界の事物、物力を見るばかりでなく、思想史的な思想形態、法形態、伝統、共同体、市民社会、近代国家などを考えているのです。これらはすべて精神の作り出したものであるが、自分の客体化のためにかえって自己疎外に陥り、その克服としていっそう上位の形態へ移行するというのです。ですから彼によると「疎外される」といってもけっきょくその克服ははじめから予定されているように見えるのです。〉（前掲書、八五〜八六頁）

このまとめ方は実にうまい。いわゆる正反合の弁証法で、正があって反があって合でまとまるという弁証法ではない。物事を考えるときは、対象化しないといけない。自分がつくり出した対象化した概念は、独立したものとして自分に立ち向かってきます。そのとき、問題は概念にあるとして、その問題を批判し再び概念を改めていく。批判的な作業をしていくわけです。

このまとめ方は、カントの二律背反に近いです。統整的理念として実現しないけれど、遥《はる》か彼方《かなた》にある、その方向に進んでいくために、永遠に思考の運動が続いていく。こうした弁証法としてヘーゲルの疎外論を整理している。これは傑出しています。

なぜかというと、『精神現象学』をベースにして弁証法を考え、疎外論を考えたからです。通常ヘーゲルをベースにする人は、ヘーゲルの後期の『エンチクロペディー』や、『大論理学』をベースにして考えます。そうなると、最終的に何らかのかたちに固定したヘーゲル理解になってしまう。務台のような柔軟なヘーゲル理解は、非常に現代的です。特に新カント派の知的インパクトを得た後のヘーゲル理解では、日本では先ほど言及した柄谷行人さんの二律背反と共通しています。柄谷行人さんも『精神現象学』を非常に重視しています。このポストモダンの洗礼を受けた、たとえばアレクサンドル・コジェーヴ、フランスのヘーゲル理解に非常に近いです。

さて疎外の問題。実は企業の力が強くなるということ、それと疎外が関係すると彼は見ています。


〈じっさいに共同体が解体され、企業会社対企業会社の競争がはげしくなり、人間と人間との関係が失われていくと、個人はすべての人間関係から疎外され、しだいに孤立化されていくのです。人間が徹底した個人主義に追いこまれるのは当然です。この中では近代の個人主義がプロテスタンチズムから学びとった人格主義としての格式も失われ、露骨な利己主義としての個人主義になっているのです。これは企業会社自身が利己主義に立っているからです。人間がいっぱん的に個人主義者になったのでなく、現代の共同体の解体、それに代った大企業会社の利己主義とコマーシャリズム、階級と階級との対立、人間の極端な孤立化、こういう現代の社会的状況が人間を個人主義に追いこんでいくのです。〉（前掲書、九七頁）

共同体が解体されて人間は企業に所属する。まだ当時は日本株式会社的な発想があったころです。高度成長期に入る前ですから、労働者の条件はかなり悪かった。首切りもされた。ちなみに今、日本で非正規雇用が非常に増えて、半分近くになっています。終身雇用制も壊れています。実はこの状況というのは、一九四〇年以前の日本のごく普通の状況でした。国家総動員体制を取って以降、厚生年金保険を導入し、健康保険を導入し、戦争体制を築くなかで、終身雇用制はできあがっていったのです。

務台がこの本を書いた当時は、労働は非常に流動的でした。日雇いという形態の労働が非常に多かった。大学を卒業しても就職できないという例は、いくらでもありました。東西冷戦期で共産主義になることをなんとしても避けないといけないという危機感があった。これが日本の国家エリートと同様に企業エリートにもおおいにあった。共産主義革命が起きたら、経団連の人たちは縛り首にされるだろうと思っていました。事実縛り首にされたでしょう。縛り首にされないためには、労働者を味方につけて共産主義革命の方向に行かないようにしないといけない。だからいろいろな社会政策が行われたわけです。

ところがソビエトが崩壊した後、こんなひどい体制だったのか、俺たちはこんな体制に怯《おび》えていたのかと、皆は唖然《あぜん》とした。これだったら資本主義のほうがまだましだ、と自信が出てきた企業は営利を追求し、資本の自己増殖をしていくようになります。そこで利己主義に立つというのは当たり前。今、ブラック企業という言葉が出ていますが、一人ひとりの従業員、労働者から徹底的に搾り取ってやればいいという考えですね。そうなると、自分の身は自分で守らないといけない、人間が利己主義になっていくのは当たり前です。こういう社会構造が人間を個人主義に追い込んでいく。つまり主体的に個人主義を選び取っているわけではないのだと、務台理作は言っています。

「順応の気構え」

それからマスメディアの役割が重要になります。巨大なマスコミは大量生産（マスプロダクション）と表裏一体の関係にあります。

〈マス・プロによって大衆の生活意識が大きく変えられていることは疑いありません。大衆はしだいに画一化され受動化されていくのです。〉（前掲書、九七頁）

彼は受動化ということに非常に注目しています。この本が出た一〇年ぐらい後、ドイツの社会哲学者のユルゲン・ハーバーマスが『晩期資本主義における正統化の諸問題』で「順応の気構え」ということを言いました。「順応の気構え」とは、なんで我々はこれだけたくさん情報があり、教育のレベルも高くなっているのに、変な情報操作に踊らされてしまうのか、マスメディアの嘘報道にやすやすと踊らされてしまうのか、についての考察です。

つまり――一つ一つの情報に関して検証していくことそのものは可能である。ところがそれには大変な時間とエネルギーがかかるから、とりあえず誰かが説明してくれることに順応しよう。テレビで誰かが解説しているのを見ると、ああ、そういうことなのかと順応してしまう。そうした習慣が身につくと、自分で考えるということがだんだんできなくなっていく。これが教育のレベルが上がり、大量の情報があるにもかかわらず、無知蒙昧《もうまい》、野蛮が出てくる理由だと、ハーバーマスは分析しています。

務台が言っているのは、これと同じことです。もう少し先へ行きましょう。

〈テレビなどを見ていると、スタジオでの観客の表情も効果的にうつし出されるのですが、観客は何があってもゲラゲラと笑っている。そこには何一つ真剣なものがない。むしろその真剣なものから逃れようとして場面の演出にゲラゲラと笑っているようです。おそらくあれが多くの大衆の代表的な表情であろうと思います。この傾向は今後マス・コミのいっそうの普及によってますます強められていくことでしょう。昔は事件の真相を確実につかむには現場まで自分の足で歩いてゆき、自分の眼で捉えるほかはなかったのですが、現在はたいていの事件は事件の方で電波にのって自分の方へ歩いてきてくれる。とくにマス・コミの広告は手を替え品を替えて、大衆の消費慾をそそってきます。大衆は自分の意志で買うのでなくて、むしろ買わされるのです。〉（前掲書、九七～九八頁）

ホルクハイマーやアドルノが『啓蒙の弁証法』で言っているところの文化産業の話です。ただお笑い番組などは、ますます精緻《せいち》に発展しているので、同じツボで同じように笑っています。「順応の気構え」、受動性が強まっていることを示しています。

彼は簡単に「大衆」という言葉を使いますね。まだ一九六〇年代においては、岩波新書を読む人たちは大衆ではなかったのです。岩波新書を読むのは、読書人階級であって知識人でした。大衆が読む本は講談社か小学館です。子どもが読むのが小学館で、大衆が読むのは講談社。岩波書店は知識人が読みます。だから大衆という言葉を平気で使えるわけです。

この疎外、孤立して一人ひとりがバラバラにされることと、受動性が合わさるとどうなるか。務台理作は、こう考えます。

〈このように受動化され、画一化されることは、もはや主体的に自分で考えたり判断する必要がないことを示すわけで、そういうむずかしいことは誰かにまかせておけばよいということになります。すなわちだんだんと無思想になっていく。思想的なものは敬遠されてしまう。有名な書店の文庫本でもこの頃の若い女性は多く小説をえらぶ。思想がかったものはどうしても敬遠されてしまうという話をききますが、これは何も女性が思想ぎらいというのでなく、いっぱんの現代の傾向であろうと思います。〉（前掲書、九九頁）

今はみんな、小説も読みません。「この頃の若い女性は」という言葉が平気で出てくるのは、当時のジェンダー感覚がそのまま表れています。

〈つまり思想を媒介にせずに、直接行動にはしるという傾向が現代人に多いことを示すわけです。右翼についても系統だった思想を立てて、それにしたがって組織的に行動するるのでなく、ごく単純な、しかも誰が考えても矛盾のあるような思想で、というよりむしろ空疎な観念的なドグマで直接行動する右翼が多くなってきたといわれています。とにかく現代は無思想的な行動が多くなってきました。このように人間の受動化・画一化・無思想性が強められたことは、現代の人間疎外の重要な特色といわねばなりません。〉（前掲書、九九～一〇〇頁）

ポストモダンは、まさにこの無思想性の上に開き直ったものです。思想なんて大きな物語よりも、重要なのは小さな差異だ。だからデリダやラカンやドゥルーズが出たときに、我先にと彼らを読んだのが電通や博報堂の人たちだったわけです。ここに商売のヒントがありそうだと。私は幸いにして一九八六年六月から九五年三月まで日本にいませんでしたから、ポストモダンとバブル経済は知りません。その二つのことを知らないから、ものの考え方が少し違います。

疎外が進むと必ずテロが出てくる

さらに疎外の問題として務台理作が挙げるのは、官僚制です。

〈現代の政治による人間疎外の問題がある。これは三つの形をとります。Iは、官僚制による人間疎外です。元来政治に官僚化と権力濫用はつきものであります。政治が複雑化され、事務手続きが煩瑣になると、しだいに事務の専門化が起り、これに権力が結びつくと、牛の鼻穴に縄を通してひきまわすように一般大衆をひき廻そうとする官僚制が生れてくる。この官僚化は官庁だけでなく、大会社の中にも、またいっぱんの組織の中にもはいり込んできます。事務が複雑になり専門化されると、どうしてもそうなるのです。組織が大衆から遊離し、組織だけが権力によって大衆をひき廻そうとするのです。

官僚化は大きな組織にはつきものになるので、組織の中の人間はこの官僚的統制の枠にしばられて、それから出られなくなる。現代はたしかに組織の時代であって、組織がないと政治的・経済的・社会的に充分な活動ができない。よく国会議員の選挙のさい、組織票をもたないものの苦戦が伝えられます。しかし組織がつよくなると組織が人間をしばってしまう。組織は人間が作ったものであるのに、組織が強化されると一種の魔力をもつものとなって、個人はそれによってしばられてしまう。これも現代の人間疎外の一つの現象です。組織がそのメムバーの人間性をあまり束縛すると、組織そのものが硬化現象を起し、発展性を失ってしまうのは明白です。組織が発展していくためには、そのメムバーの一人一人の主体性、創意性が活用されることが大切なのですが、組織が複雑になり、専門的に分化され、セクト的になると、かならずそれに権力が結びついて官僚化が起り動脈硬化をまぬがれないのです。それは組織の中の人間疎外の現われです。〉（前掲書、一〇二～一〇三頁）

疎外論から整理していくわけです。

さらに疎外が進むと、必ずテロが出てくると彼は見ています。人間疎外は、テロリズムによる偽りの解決を見つけようとする。

〈次はⅢに、暴力テロリズムによる人間疎外であります。昨年安保反対問題以来暴力テロが相ついで起り、国民に大きな衝撃を与えました。日本人は社会的事件について甚だ忘れっぽいので、この頃はテロからの衝撃についてまた忘れかけてきたようですが、天災は人の忘れる頃にやってくるという言葉があるが、政治的テロ行為も何かの刺激的な紛争が起ると、またひき起される可能性が充分にあります。政治上の立場がちがうからといって相手の無防備に乗じて危害を加えるということが人道上許されていいはずはありません。そういう行為から何一つ生産的なものは生れてきません。それによって言論の自由、表現の自由がおびやかされるのはいうまでもなく、それが保守派の有力者や官僚によって利用されると、かならず日本の将来にとって憂うべき結果が起ります。暴力による人間と時代の閉塞を大きくするからです。こういう暴力にたいして現代のヒューマニズムは勇敢に抗議をしなくてはならないと思います。こういう暴力は「非人間的なもの」のもっとも甚だしいものであるからです。〉（前掲書、一〇四～一〇五頁）

当時は右翼テロを問題にしていたのですが、現代の状況に持ってくると、これは国際テロリズムです。意見が違う相手の無防備に乗じるかたちで問題を解決しようとする。そのやり方は非人間的なものが甚だしい。だからヒューマニズムの立場から反対しなければならないということです。

彼は非人間的なものと人間的なものを区別します。さらに反人間的なものも区別しています。

〈テクノロジーの全体は、人間にたいしていわば巨大な道具のような役割をになっているもので、それ自身として価値評価についての選択をするものでないことを、前節で述べましたが、ほんとうにテクノロジーそのものは、人間生活にたいして中性的なものなのです。これは原子力開発の問題について明白になると思います。よく人を助ける道具がまた人を殺す道具にもなるといいますが、こういう中性的な素朴な道具の性格は、テクノロジーがどのように巨大になり、直観を超えた抽象的なものになっても、失われていないと思います。〉(前掲書、一一九～一二〇頁)

原発自体は中立的で悪ではない。この務台さんの発想は、現在に持ってくると原発容認論になります。

それに対して神学者たちは、原発自体を悪と考えます。人間の統制を明らかに超える可能性を持つものを造り出してしまった、そのこと自体が悪である。人間が造り出すものは人間の統制の範囲内に入るという、これまでのヒューマニズムの考え方に限界があるという発想です。

次は、務台さんの発想の問題が集中して表れているところです。

〈非人間的であるばかりでなく反人間的なものとは、人間の生産物が社会の特定の構造の中にあることによって、人間的諸関係を掩いかくし、はじめからそれ自身で自立していたかのような形をとって、逆に人間を否定的に規定してくるもののことです。人間的諸関係を圧迫し、それをゆがめ、非人間的なものにしてしまう。こういうことはいつの時代にもあるわけですが、とりわけ生産手段の私有、独占資本、商品生産が高度化した現代において、本来人間が人間のために、人間的なものを豊かにするために生産したものが、自動的に巨大な力になり、人間の生命、人間の価値、人間の創造力を疎外するようにはたらきかけてくるのです。とくに独占資本による商品の大量生産のために人間が商品化され、人間的なものが物化されていることは、たびたび述べた通りです。〉（前掲書、一二八頁）

少し飛ばして。

〈つまり人間の有形無形の生産物が呪物化されるのです。商品・貨幣・資本ばかりでなく、無形の抽象的イデオロギー、制度、組織、権力などが不思議な魔力を発揮して、逆に人間を規定してくる。これは支配権力が危機に立つとかならず起る現象であります。たんに人間を規定するのでなく、反人間的に規定してくる。そういうものが特別の権威をそなえるようになるのです。そうなると、もともと人間にとって必要であった生産物がかえって人間の発達を阻害し、人間的なものを疎外することになり、その結果、元来非人間的ではあっても決して反人間的でなかったものが、ますます反人間的なものに変質をする。このような反人間的なものの由緒をみると、もともと(1)の人間的生産物にぞくしていたもので、何等かの形で人間の諸関係を表現しており、私たちの生活に必要なものであったのです。それが反人間的なものに変質したのです。そしてこの変質のほんとうの原因こそテクノロジーの背後にあって、それを特定の目的に結びつけて操作している独占資本制にあるというべきでしょう。〉（前掲書、一二九〜一三〇頁）

核物理学自体というものは価値中立的。原発も価値中立的で、原発はエネルギーの生産のために使える。しかし核兵器ということになると問題だ。あるいは人工衛星を通信衛星として使えば、人類の福祉に貢献する。対してミサイルにするのは、悪い使い方だ。悪い使い方をするのは、政治が悪いから。特に資本主義と結びついた帝国主義的な政治体制は悪い。「だからヒューマニストは革命を！」になるのです。革命をやって資本主義を解体し、社会主義にすれば良くなるのだと務台は言っています。

現状の疎外に関する見解は納得できますが、それに対する処方箋《しょほうせん》はスターリニズムです。我々は既に、あのソ連とはどういう国家であったのかを知っています。それどころか、そのソ連を根っこにして生まれたのが北朝鮮であり、中国です。平和愛好国家とはとても言えません。

もう一つ、資本主義とは果たして解体することができるのか。資本主義を解体したあと、果たして別の形の生産システムが生まれるのか。イスラム原理主義過激派、アルカーイダも経済的に見れば資本主義システムに寄生しています。ソビエト型の社会主義も、実は大きな資本主義システムを補完する産業システムとして機能していた。そう見ていくと、資本主義の超克というのは、簡単な話ではないことがわかります。簡単に超克できないものを超克してしまおうとする。それから出てくるのは合理主義を超えるものになります。

善なるものは自己絶対化の誘惑に陥り、人間を圧迫していく

ここで意外と重要なのはベルジャーエフです。ニコライ・ベルジャーエフはロシアにマルクス主義を導入した一人です。

ところが一九〇五年のロシア第一次革命以降、彼は考えを変えます。ロシアの革命はすべての問題を社会に還元してしまい、人間の問題を問うていない。社会的な問題すべてを解消しても、人間には原罪があるから人間の社会に悪はなくならない。だからキリスト教の価値を再評価しようと訴えました。一九二二年にレーニンによって国外追放にされた後は、専ら

パリで活躍したのですが、彼の著作を通じてロシア革命に対する理解が国際的に広がったわけです。一九八九年まで彼の著作はソ連で禁書にされていました。

白水社から著作集が出ています。ベルジャーエフの本の特徴は、文献や引証などはまったくなく、ほとばしるように書いていること。お筆先みたいなスタイルの文章ですが、事柄の本質を摑《つか》むのはなかなかうまい。第七巻の「ロシア共産主義の歴史と意味」はとても面白い本です。

〈ロシアの共産主義が理解しにくいのは、その二面的性格のためである。一方では、それは国際的《インタナショナル》であり、一つの世界的な現象であるが、他方ではそれは民族的であり、ロシア的である。西欧の人々にとっては、ロシア共産主義のこの民族的な根源を理解すること、そのさまざまな制約を決定し、その性格を形づくったものがロシアの歴史であった、という事実を理解することが特にたいせつである。マルクス主義の知識はこの場合に助けにならないであろう。ロシア民族は、その精神的体質からいって、東方民族である。ロシアはキリスト教的東洋であって、しかもこの国は二世紀にわたり西欧の力づよい影響のもとにあり、その教養ある階級はあらゆる西欧的観念を同化していた。〉（ニコライ・ベルジャーエフ「ロシア共産主義の歴史と意味」『ベルジャーエフ著作集　第七巻』白水

社、一九六〇年【原著一九三七年】、一一〇頁）

要するにロシアの共産主義革命というのは、裏返しにした修道院の思想であると。ロシア革命を引き起こしたのは、ロシア正教の修道院の中の異端の修道士たちの発想だった。人間とは本質的に宗教的な動物だから、無神論を信じるということをロシア人はした。科学にしろ技術にしろ、それを信じるという要素抜きには存在しえない。だから人間は本当の宗教を信じるか、偽りの宗教を信じるかしかないのだと、ベルジャーエフは考えたわけです。

私は、ヒューマニズムは結論から言うと、偽りの宗教になる可能性が高いと考えます。これは私がキリスト教徒だからです。善なるものは必ず変質していく。善なるもの、正しいものは自己絶対化の誘惑に陥って、人間を圧迫するものに変わってしまう。

ヒューマニズムを国是に掲げている国が、今ありますね。人間中心主義を掲げている。言うまでもなく、朝鮮民主主義人民共和国です。チュチェ思想というのは、実はヒューマニズムの思想です。マルクス主義の限界を人間中心主義によって克服したというのが、金日成《キムイルソン》の思想の中心です。あの国がまさにヒューマニズムの国。ですから私は北朝鮮の思想は、非常に関心を持って読んでいます。

ヒューマニズムは危ないということについて、カール・バルトが「ヒューマニズム」という演説をしています。バルトは変人と思われていました。ナチズムに対抗する中心に立った神学者です。

サルトルは、実存主義はヒューマニズムであると言っている。フランスのマルクス主義哲学者のルフェーヴルは、マルクス主義もヒューマニズムだと言っている。するとバルトが出てきて、「ヒューマニズムって何だ。こんなものはろくなもんじゃない」と言うわけです。その点はカトリックと完全に意見が一致します。

この「ヒューマニズム」で、彼はこう言っています。


〈「キリスト教的ヒューマニズム」とは、木製の鐵というようなものである。これをうち立てんと意圖するすべての試みに際して、このことは瞭らかにされている。われわれは、「……主義」という語尾をもつ言葉が眞面目な神學用語としては元來全く使用に堪えないものであるという理由だけですでに、このような試みから手を引かねばならない。かかる言葉は、原理とか體系とかについて語る。一個の世界觀乃至は一個のモラルを表明する。何らかの戰線もしくは黨派の存在を告知する。福音というものは、しかし原理でもなければ體系でもなく、世界觀でもなければモラルでもない。そうではなくてこれは精神であり生命である。神の現在と、イエス・キリストにおけるその業とに關する善きおとずれである。而してまたそれはいかなる戰線いかなる黨派も形成することなく、——一定の人間觀に與するでもなく——これは教會を、しかもすべての人に奉仕すべき教會をうち建てる。福音においてもまた人間は當然その中心問題となる。けれども福音の立場から人間について、人間のために（また人間に抗して！）、かつ人間に向つて語られることがらは、さまざまなヒューマニズムが終焉するところに始まる。〉（カール・バルト〔成瀬治訳〕『ヒューマニズム』新教出版社、一九五一年【原著一九五〇年】、一九〜二〇頁）

これはバルト的な言い方ですが、ヒューマニズムとは人間が物事を徹底的に考えて、理性を使って考えていく、そのヒューマニズムの限界のところから、宗教の問題が出てくるということです。だから新しいヒューマニズムのことをみんなあれこれと言っているけれども、とんでもないことだという。

〈いわゆる「ヒューマニズム」の問題はイエス・キリストにおいて原則的に答えられているのだということ、そしてすべての「新しきヒューマニズム」はただこのこと——人間はこれなる一者の鏡においてのみ、同時に一つの現實の神の顔と一つの現實の人間の

顔とを認め得るということの中にだけ存在し得るのだということの點で。〉（前掲書、二二〜二二三頁）

〈人人がキリスト教の使信と神學との「排他性」と呼ぶところのものは——ちなみにキリスト教は實際この性格を形式上は共産主義と共有していると云えようが——キリスト教側から見れば、それが世に呼びかけて決斷と責任、信仰と服從へと起たしめんとする點に存するのだから。それは臨機應變に、しかしただ臨機應變にのみならずまた原理的かつ持續的にも——自發的な、しかしまた拘束力ある決斷と責任へと——自由へと人々を呼び起すのであるが、この自由たるや、自由なる人間が全く晴れ晴れとした氣持で召命をうけ、定めの位置におかれ、義務づけられるゆえんをわきまえているというまさにその點で、最高かつ眞正の自由なのである。〉（前掲書、三〇頁）

この前も読み上げましたが、全然わからないと思います。何を言っているのか全然わからないのは百も承知で、バルトはわざとびっくりするような書き方をしているからです。ドイツで二〇世紀初頭に起きた表現主義という、表現方法や思想運動の一つです。キュービズムもその一環ですし、映画でもいろいろな作品があります。

ですから、いきなりバルトのものを読もうと思っても読めません。代わりにお薦めするのはジェルジ・ルカーチです。ジェルジ・ルカーチの『歴史と階級意識』も、びっくりさせるような表現主義の手法を使っていますが、それを読んでいくと、バルトのテキストの読み解きができるようになります。

キリスト教はアンチヒューマニズム

では、何なのか。ヒューマニズム、つまり人間の合理的な判断や合理的な決断によって、人間が抱えている社会の構造の問題が解決するわけではない、ということなのです。

逆に右翼的な世界で見ていく方がわかりやすいかもしれません。戦争に行った人の手記を読むと、自分の戦友を助けるために、命を捨てるような戦いに行った兵士がたくさんいたことがわかります。上からの命令ではなく、「私行きますよ」というかたちです。

あるいは『カウントダウン・メルトダウン』という本で船橋洋一《ふなばしよういち》さんが福島第一原発の出来事の検証をしている。あの福島第一原発のサイトの中では、東京電力や協力会社の人たちが、あの状況を止めるために、本当に命懸けで仕事をしていました。

そこには何らかの強制があるわけではないのです。そのときに、かっとしていたのか、あるいは職業的な倫理観が働いたのか。いや、そういうことではない。人間はどういうときに命を失う覚悟をした行動を取るかというと、それは一種の真似であり感染です。人間は利他的な活動をする人にしか心を動かされない。利己的で個人主義的・合理主義的な活動には、心は動かされないのです。

ショル兄妹の白バラの話にも、なぜ我々が心動かされるのか。ショル兄妹はナチスに抵抗したら必ず処刑されるなか、非暴力抵抗運動を貫いて殺されていった。ドイツの戦争を止めさせるため、ドイツ国民の同胞のため。その利他性が、感動を生むのです。

ただし、利他性にはプラスの部分もあればマイナスの部分もあります。

たとえばオウム真理教の人たち。彼らがなぜ麻原彰晃《あさはらしょうこう》に帰依していったかというと、彼らからすると、麻原彰晃は非常に利他的な人物に見えたわけです。あるいは連合赤軍事件で、なぜああいう悲惨なリンチが起きるのか。それは、自分の一切の栄達や可能性を捨てて革命戦士になっていこうという在り方の中に、利他性を見たからです。そこに共感をしていくのです。

最近においては、AKB48の前田敦子《あつこ》さんです。彼女は「私のことは嫌いでも、AKB48のことは嫌いにならないでください」と涙ながらに訴えました。そこに過剰な利他性の読み込みをしたのが濱野《はまの》智史《さとし》さんの『前田敦子はキリストを超えた――〈宗教〉としてのAKB48』。確かにそうです。これはベルジャーエフの言う、人間は真実の信仰でなければ偽りの信仰を求めるという宗教哲学が、ＡＫＢ48という商業主義と結びついたかたちで出てきているだけなのです。おかしいことはありません。

人間の存在を見極めるときに生き残っている宗教――、仏教でありイスラムでありキリスト教であり、神道であり、あるいは新興宗教でも一〇〇年以上の歴史を持っているようなもの――、そこから機能的に見ていくと、その中には必ず利他的な構造が存在しています。その利他的な構造が人を感化して、人びとに伝染していくのです。

利他的構造は本質において人間の枠を超える、ヒューマンなものを超える。つまり、アンチヒューマンです。キリスト教はそのように理解しています。そうするとこの後が大いなる逆説になるのです。

キリスト教はアンチヒューマニズムですから、ヒューマニズムと手を握ることは可能です。ヒューマニズムとは何か、人間とは何かで対話をすると、キリスト教徒はヒューマニストにはなりません。しかしキリスト教徒のほうがヒューマニスト以上にヒューマニズムや人間についてはわかっているという自信はあります。

ところがアンチヒューマニズムであるキリスト教は、同じアンチヒューマニズムに立つ思想とは同居することができないのです。たとえばナチズムとは何か。それはイエス・キリストに代わるところのアドルフ・ヒトラーという偶像を立てる人造宗教でした。この人造宗教とキリスト教は手を握ることはできないわけです。
次回は一番難しいところに行きます。近代の超克、近代とは何かという問題を扱いたいと思います。第二次世界大戦中の近代の超克でもありますが、現代をどのように見ていくかで、現代の超克の問題でもあるわけです。結論から言いますと、私は近代の完成論者で、近代の超克論者ではありません。近代の超克はできないと見ています。その意味では私は近代主義者です。そうではありますが、近代の超克という問題意識は、歴史を動かすところで非常に重要になると思っています。その問題に入りたいと思います。

（二〇一三年二月二日）

第四講

近代〈モダン〉とは何か

法王庁は誤訳

真理は具体的ですから、最近起きた事象を読み解く中で考えていきたいと思います。二〇一三年二月一一日の紀元節の日ですが、ローマ教皇ベネディクト一六世、俗名はヨーゼフ・ラッツィンガーさんが、高齢による体力の衰えを理由に退位を発表しました。

ちなみに日本ではローマ法王と言っていますが、法王は誤訳です。法とは仏法のダルマの意味で、その仏法を治める王だから、仏教の世界にしか使えません。本来これは浄土真宗のトップに対して使う言葉です。ところが明治時代、バチカンと外交関係をつくるときに、誤訳で法王庁にしてしまいました。その後、ローマ教皇庁が何度も教皇庁に直すように申し入れていますが、外務省が認めない。国が代わったときには名前を変えることができるのですが、一回登録したから法王庁。だから、法王という異常な言葉が使われたままでいるわけです。

二月一三日の朝日新聞デジタルには、こうありました。

〈バチカンの公式見解を伝える日刊紙、オッセルバトーレロマーノは同日、法王の決断は昨年三月にメキシコとキューバへ外遊した後になされたと記した。二〇〇七年にはドイツ人ジャーナリストのインタビューに、「力が衰えたら退位すべきだ」と語っている。

前法王ヨハネ・パウロ二世の衰えを側近として見つめ、存命中の退位表明が念頭にあったようだ。〉（二〇一三年二月一三日「朝日新聞」デジタル）

二八日に教皇は実際に退位し、それからコンクラーベ、鍵《かぎ》をかけられた密室の会議によって、次のローマ教皇が選び出されるわけです（三月一三日フランシスコ教皇選出）。日本では、前法王存命中のコンクラーベは六〇〇年振りだと騒いでいる。教皇庁内で司祭による児童虐待があったとか、バチカン銀行の資金洗浄のためとか、いろいろな裏情報が出回っていますが、まったくピントがずれています。その程度のことは過去六〇〇年間に何百回となく起こりました。

なぜ六〇〇年振りになされたかというと、先例に即さないといけないからです。正確に言うと六〇〇年前ではなく、五九九年前。五九九年前の一四一四年に、コンスタンツの公会議が行われました。

その頃は教皇庁がフランスとイタリアに分かれていた、というのは高校の教科書的知識としてはいいのですが、フランスやイタリアという国家は存在していません。フランスのアビニヨンは教皇領ですから、ローマ教皇の直轄地です。世俗語としてイタリア語に近い言葉をしゃべる人たちとフランス語に近い言葉をしゃべる人たちとの間に対立が起き、アビニヨンとローマの双方に教皇がいる状態になっていたのです。神の代理人が二人もいるというのはおかしい話です。一人にしないといけない。そういうときは二人とも辞めさせて、第三の人を出すというかたちで調整します。調整はついたかに見えたのですが、二人とも教皇を辞めないと言い出し、一四一四年にはローマ教皇が三人もいる状態になっていました。

そこで、コンスタンツ公会議で、三人の教皇を退位させ、新しい教皇を選出したのです。これが先例です。

さて、この公会議では教会の統一の実現だけではなく、異端の根絶も目指されました。当時、教会にとって最大の脅威はボヘミアのフス派でした。そのためコンスタンツに来いとフスを呼ぶ。行けば捕まるとフスは警戒しましたが、安道券を出すと教会は約束しました。安道券というのは今でも戦争のときに使われます。病院船や連絡係などに出すもので、これを持っていると絶対に捕まらないルールになっている。身柄も拘束されません。

ところがフスは安道券を出されたのに、コンスタンツに着くなり捕まってしまいます。「捕まらないと約束したじゃないか。おかしいじゃないか」と抗議すると、「約束はしたが、約束を守るとは約束してない」と。そして火炙《ひあぶ》りになってしまいます。

この、「約束はしたが、約束を守るとは約束してない」というロジックは、民主党政権の鳩山《はとやま》さんのときからよく使われるようになり、最近では安倍《あべ》さんがＴＰＰで使っています。

日本の政治も一五世紀のレベルに達してきているのかと感じます。

約束はしても守らなくてもいいということになると、選択の幅はすごく広がります。ゲームはかなり高度になり、チェスと将棋ぐらいの違いが出てきます。相手の駒をもう一回使うことができる、それくらいの違いが出てくるわけです。

今回も、そのときと同じぐらいのインパクトが起きている。じゃあ、そのためには何を調べればいいか。皆さんネポティズムという言葉を聞いたことはありますか？　ネポティズムというのは甥《おい》 nephew を重視する主義で、要するに縁故採用の意味です。なぜ甥かというと、実はローマ教皇と関係しています。ローマ教皇は独身です。独身ですと自分の血が一番近いのは、甥っ子になる。だから甥っ子を一族の利益代表としてつけていく縁故採用のかたちが生まれてきたわけです。

日本の仏教は妻帯ができます。妻帯ができるというのは、仏教の力が弱くなったことを示しています。カトリックが妻帯を認めない独身制を続けているのは、宗教が権力を持っているから。持てる権力を子どもに継承していくと、社会的に大変なアンバランスができてしまう。だから、独身制にするのです。それと似ているのは、中国などで採られた宦官《かんがん》ですね。去勢をしてしまうことで、子孫をつくれなくする。血族による権力の継承、子どもへの権力の継承を、宦官の制度が防止しているわけです。プロテスタントが妻帯を認めているのは、プロテスタントの宗教としての権力が、カトリックに比べて圧倒的に弱いからなんです。

ロシア正教やギリシャ正教は、もっと面白いシステムを採っていますよ。司祭を二つに分ける。官僚で言うとキャリア組とノンキャリア組に分けるわけです。キャリア組の司祭は黒司祭といって、ノンキャリア組は白司祭といいます。白司祭のトップは、黒司祭の一番下と同じランクになります。白司祭は結婚することができて、黒司祭は結婚できない。

大きな権力は継承させない、それほどでもない権力は継承が可能、という巧妙なシステムにしているわけですね。

バチカンの大きな方針転換、「共産主義は敵」

ベネディクト一六世の前、ヨハネ・パウロ二世が教皇になったのは一九七八年で、ポーランド出身の教皇ということで、大きな話題になりました。

同時期に、神学界ではもう一つ大きな出来事が起きていました。一九七九年、ハンス・キュングとスヒレベークスという二人の神学者を教理聖省が呼んで、審問を行ったことです。教理聖省とは、昔の異端審問所。その結果、キュングはカトリックの基幹的な神学者と認めることができない、ひと昔前で言うと異端宣告をされたわけです。彼はカトリック神学部での授業が一切できなくなりました。

それに対してスヒレベークスはキュングとほぼ同じことを言っているにもかかわらず、お咎《とが》めなしとなります。その結果、教会の権威が高められた。どういうことか。この線を越えれば破門というガイドラインが明確なら、その線ぎりぎりのところで神学者は教皇庁に挑めます。しかし、同じことを言っているのに、片方は破門して片方は大丈夫ということになると、神学者はローマ教皇庁が本当に怖くなる。その恐れの感覚を持たせたわけです。

なぜそのような必要があったのか。

少しさかのぼって、一九六〇年代に「第二バチカン公会議」が行われました。これを主催したのは、ヨハネス二三世です。ヨハネス二三世は対話の精神を前面に掲げてきました。その対話は幅が広い。プロテスタントとの対話だけでなく、正教の人たち、非カルケドン派のキリスト教、エジプトのコプト教会、ネストリウス派の教会、イスラムとも仏教とも対話する。それと共に共産主義者との対話もしていく。対話によって平和を維持していくことがカトリック教会にとって最大の使命である。こうしたかたちでの平和路線、対話路線を取ったわけです。東西冷戦反共体制と一線を画して、第三の道をカトリック教会は進もうとしました。

それと同時に正義の実現が重要だということで、中南米においては解放の神学が生まれてきました。この武装闘争によって中南米の独裁者を打倒する運動に、カトリックの神学者はかなり入り込んでいきます。韓国でもカトリックの影響は非常に強く及んだ。女性解放の神学という神学も生まれてきた。

この流れに歯止めをかけることが、ヨハネ・パウロ二世体制下のローマ教会にとって非常に重要な問題になりました。そこでの最大の課題は、共産主義者との対話をやめることでした。共産主義は敵である。共産勢力に対して巻き返していくことが、バチカンの大きな方針転換だったわけです。

ヨハネ・パウロ二世は、実践家でした。実践家の横にはその実践を理論づける人が絶対必要です。それを理論化していったのが、ベネディクト一六世です。ちなみにベネディクト一六世、本名ラッツィンガーが教理聖省の長官になったのが、一九八一年です。

そして東西冷戦の終結。結局西側が東側に勝利する過程において、私はバチカン、カトリック教会の果たした役割は非常に大きいと思っています。もしカトリック教会が対話路線を維持して反共路線への回帰をしていなければ、ゴルバチョフが「欧州共通の家」、核兵器全廃に向かった場合、カトリック教会はその流れを全面的に支持したことでしょう。そうすればヨーロッパにおいてはデタントが成功し、社会民主党と共産党の関係は劇的に改善して、今とは違う世界絵図になっていた可能性は十分にあったと思います。

対話によってイスラム過激派の脅威を解体していく

共産主義体制を打倒した後、ヨハネ・パウロ二世は次の課題を立てます。イスラム原理主義に対する巻き返しです。二〇〇六年、ローマ教皇（ベネディクト一六世）がイスラム批判演説を行って、大変な非難を受けたので直後に撤回したという事件がありました。日本の新聞には一行か二行、小さく出ました。ところがこれは戦術的な撤回だったのです。

ローマ教会の目的は、イスラム勢力に対してキリスト教の力をもう一回巻き返していくこと。単にキリスト教だけでなく、西欧的な文明の力によって巻き返していくということです。

これについては私の印象論ではなくて、文献的な根拠があります。ベネディクト一六世がローマ教皇に選出される一年三ヵ月前の二〇〇四年の一月一九日、当時のラッツィンガー枢機卿《すうききょう》は、ドイツの非常に有名な社会哲学者のユルゲン・ハーバーマスと公開討論を行いました。

ラッツィンガーは教理聖省、昔の異端審問所の長官を務めたカトリックの保守思想の代表者。対してハーバーマスはフランクフルト学派、マルクス主義の影響を受けた左派リベラルの知の巨人です。この二人が最初で最後の公開討論を行う。当然、哲学や神学関係者のみならず、広範な知識人の関心をものすごく集めました。

二人を接近させたのは何なのか。九・一一のアメリカにおける連続テロです。このときの討論会の基調報告が岩波書店から出ています。参考文献に入れた『ポスト世俗化時代の哲学と宗教』という論文。その中でラッツィンガーはアルカーイダの活動に強い関心を向けています。

〈今やわれわれに分かってきたことは、世界を人間の住めない場にするために人類は必ずしも大戦争を必要としないということである。いかなる場所にも遍在しうるテロの無名の力は、すべての人々の日常生活の場にまで襲いかかるだけの強さを持っている。また、それとは別に、こうした犯罪的な分子が、巨大な破壊の可能性を手に入れ、それによって政治秩序の外で、世界をカオスに陥れるのではないかという恐れがある。〔中略〕ショッキングなのは、テロは少なくとも部分的には自らを道徳的に正当化していることである。ビン・ラディンのメッセージは、テロを、力なき抑圧された諸民族からの強者の傲慢に対する答えである、また、強者の高慢と、神を冒瀆する思い上がり、そして残虐に対する正義の刑罰である、としている。〉（ユルゲン・ハーバーマス／ヨーゼフ・ラッツィンガー〔三島憲一訳〕『ポスト世俗化時代の哲学と宗教』岩波書店、二〇〇七年、三四頁）

アルカーイダというのは結構力があるぞ。道徳的な正当性を主張していて、一部の支持を得ている。だから封じ込めないといけない。ではどのように封じ込めるのか。アメリカのブッシュがやったような力による封じ込めは最低だ、封じ込めは対話によって行わないといけないと、ラッツィンガーは言っています。イスラムの文化世界に存在する緊張関係に目を向けると、一方の極にはビン・ラーディンのような狂信的絶対主義者がいる。他方の極には寛容な合理性に対してオープンな態度をとっている穏健派もいる。その幅は極めて広いということで、ラッツィンガーは異文化対話を掲げる。しかし真の目的は対話ではないのですね。まずアルカーイダ、つまりイスラム過激派を封じ込める。過激派を封じ込めた後には、イスラム全体を封じ込める。二段階戦略です。だからまずは対話によってイスラム穏健派を味方につけよう。こういう戦略だったのです。

ハーバーマスも全面的に賛成しています。彼もイスラム過激派の脅威には危機意識を持っていて、

〈テヘランに行ったときに、かの地の同僚が私に、比較文化や宗教社会学の観点から言えば、ヨーロッパ的な世俗化は本当のところ特別の奇妙な道で、軌道修正の必要があるのではないかという問いを発してきたが、この問いは、ワイマール時代の雰囲気を思い

起こさせる。つまり、カール・シュミット、マルティン・ハイデガー、あるいはレオ・シュトラウスを思い起こさせるのだ。〉（前掲書、一四頁）

と言っています。

ワイマールのあの雰囲気からナチズムが登場してきた。異文化対話を通じて、宗教がなぜ世俗化した現代においても存続しているかについては〈いわば内部から、知的挑発として真剣に取り上げるべきである〉（前掲書、一五頁）と言います。

実践的な帰結として、二人とも対話によってイスラム過激派の脅威を解体していくという路線を取りました。

ハーバーマスというのはリベラルなかたちで対話をしていく人、というイメージで捉《とら》えるべきではありません。日本では一般にハーバーマスは対話的理性を強調する人と紹介されています。後ろに権力の背景も何もないところで、話せばわかるというかたちで議論をしていく。

非常にリベラルと見られていますが、実は彼の理解では対話理性が適用できる領域は、ヨーロッパとロシアとアメリカだけなのです。それ以外の世界はいわば化外《けがい》の地であって、文明の論理は通用しないという考えの持ち主です。

日本でハーバーマスの『コミュニケーション的行為の理論』が訳されたとき、ハーバーマスは序文を寄せています。その中で、日本でも対話的理性が通じるという流れがあるということで、私の本が訳されることになり、非常に喜ばしく思う、ということを言っています。これは、それまでは日本は対話的理性の通用しない、野蛮人の地だと思っていたということです。こうしたところをきちんと読み取れるかどうかは、やはりテキストを読むときの重要なポイントになります。

日本にとっての最大の危機は反知性主義だ

その後バチカンが何をやってきたか、同時進行的に何をやっているかと言えば、中国封じ込めですね。バチカンと中国は、いまだに外交関係はありません。台湾とは外交関係を持っています。バチカンは台湾のことはどうでもよく、中国との関係の調整を何度も試みてきました。しかし、中国政府は一点だけどうしても譲らないことがあります。それは高位聖職者の人事権。中国政府は、高位聖職者の人事権は中国の天主教愛国会が持っていると言う。これは共産党のつくったダミー団体です。プロテスタントのほうは三自《さんじ》愛国教会という団体があります。

バチカンが外交関係を結ぶのはコンコルダート（政教協約）。通常の外交関係ではなくて、神様の世界の領域と世俗の人間の世界の領域を区別する条約です。神様との条約ですからバチカンにも絶対に譲れない点がある、それは人事権です。中国が人事権を認めないという理由で、外交関係が樹立できていない。これは、中国は世界の普遍的な価値を共有できない国だというキャンペーンに、バチカンが入ってきていることを示しています。

ではなぜ、ベネディクト一六世、ラッツィンガーは今回生前退位をしたのか。これは機構的には簡単なことです。ローマ教皇とは、会社で言えば代表権を持った社長と会長を兼ねた存在。それ以外は執行役員はいるけれど、専務も常務もいないというかたちです。執行役員会の決定は代表権を持っていませんから、代表の行動は規制できません。そういう会社で会長兼社長の健康状態が衰えてきたら、会社は何の決断もできなくなってしまいます。

おそらく八五歳のラッツィンガーは、自分の生物学的な生命はあと一〇年ぐらいはあるだろうと思った。しかし体力的な衰え、注意力・判断力の衰えが進むことはわかっている。そうすると、カトリック教会が停滞することは否めない。対イスラム巻き返し、中国封じ込めというバチカンの一連の世界戦略に支障をきたしてしまう。そうならぬよう、後継者を早く選ばないといけない。既にボードの枢機卿の半数以上が、ラッツィンガーになってから選ばれている人たちです。誰がローマ教皇になろうと、路線はもう変更しないことは明白。ならばより機動的に遂行するために生前退位が必要となったわけです。

これはカトリック教会の再政治化の観点で、非常に大きな意味があります。では、どうしてカトリック教会はこれほどまでに再政治化しようとしているのか。近代的なシステムが危機的な状況になり、今生じている問題をうまく解決することができないからです。

それで今、日本の最大の脅威って何だと思います？　私は斎藤環《たまき》さんと対談をしてきたんですが、完全に見解一致するところがありました。それは今の日本にとって最大の危機は、反知性主義だということ。アンチ・インテレクチャルな傾向を尊重する。アベノミクスがそうです。論理整合性を通常のレベルで重視した場合、アベノミクスというのは出てこない政策です。金利が限りなくゼロに近いときに札を刷るのは、どう考えても金融政策とは言えません。これは財政施策です。金融政策と財政施策の区別もつかないような議論になってしまっている。明らかな反知性主義からなされるものです。

それからうんと乱暴な言い方、しかし真実のある一面を切り取っているから言いますが、内閣総理大臣と内閣官房長官の双方が偏差値秀才でないのは、極めて異例なことです。日銀の連中が裏で何と言っているか。アベノミクスに対する最初の反発は、「成蹊《せいけい》卒の奴に言われたくねえよな」でした。それから小泉進次郎《こいずみしんじろう》さん、あの人気。これも明らかに今までの学歴エリート、偏差値エリートと別のところに、求心力が集まっているということです。明らかにその流れの中に反知性主義があります。

反知性主義は、危機の時代においては必ず出てきます。現場主義という言い方もその一変種です。理論だけで現場を知らない奴はダメだ。裏返すと橋下徹《はしもととおる》の強さは、その反知性主義を巧みに操ることができるところからきています。AKB48の中にも反知性主義はある。反知性主義は怖いです。状況によるとヴァンダリズム、破壊行動か暴力性に変わる可能性があるからです。

第二次大戦後、二〇世紀の神学は圧倒的にカトリック主導

そういうときに強いのは、近代の枠を超えている人たちです。ポストモダンを主張する人たちが、本当にポストモダンなのか。近代を超えているかどうか。それは近代が終焉《しゅうえん》してみないとわかりません。近代が終わって初めて、ああ、あれは近代現象だったのかと明らかになるでしょう。渦中にいる我々は、ポストモダンの萌芽《ほうが》があるのかどうかは、なんとなく予感することしかできないと思います。

ただし、プレモダン、近代以前のことに関しては確実にわかります。カトリック教会はプレモダンです。カトリックの中のモダニズムは、基本はプレモダンです。それは一九世紀の第一バチカン公会議で決まっています。カトリック教会とプロテスタント教会の決定的な違いは、第一バチカン公会議ではっきりしました。第一バチカン公会議まではいろいろ対立を

していたものの、カトリックとプロテスタントが再合同する可能性はあったわけですが。

第一バチカン公会議では二つの重要な決定をしています。

一番目は謬説表《びゅうせつひょう》。こうした言説は間違えているから、信者はこういう本は読まないように、こういうことは信じないようにというリストをつくりました。この謬説表の内容はどんどん変わっていきまして、今はほとんど意味がなくなっています。

重要なのは、ここで教皇の首位権の確立がされたことです。信仰と教会制度に関する事柄において、ローマ教皇の立場として発言したことに関しては、過ちがないものとみなされる。非常に限定された発想ですが、この不可謬性はプロテスタントからすると、絶対に認めることのできない教義です。それはローマ教皇や信仰の事柄を含めて、人間は間違える可能性があるからである、とするからです。

もう一つはマリアの無原罪の昇天に関して。要するにマリアに罪があるのかないのか。罪はない論理を徹底的に詰めると、既に天国に昇っているはずだということになります。

この二点において、カトリックとそれ以外のキリスト教の間では、乗り越えることのできない溝ができました。プレモダンなカトリックの考え方として、近代の中において定式化する。ここは絶対に越えたらいけないんだ。どうしてかというと、そうなっているからなんだと。揺るぎなき権威であり、揺るぎなき絶対の真理を見つけることができたので、カトリックは強い。

ナチスドイツが誕生してきた。ナチスドイツというのは、最初は大変に上手に知的な装いをしていました。ハイデッガーもナチスを支持した。プロテスタント神学ではフリードリヒ・ゴーガルテンもヒトラーを支持した。そしてゴーガルテンはドイツ・キリスト者の論理をつくっていった。

ところがカトリックはナチスを支持しなかったわけです。ナチスが言っていることは、自然の秩序に反している。アドルフ・ヒトラーとローマ教皇とどちらが偉いのかと言ったら、ローマ教皇に決まっているじゃないか。それは疑問の余地がない。キリストの生まれ変わりはヒトラーであるという説など、どんな理由があろうと認められるわけがないと。だからこそカトリックからはショル兄妹《きょうだい》の白バラ運動のような抵抗運動が出てきたわけです。ナチスが旗揚げしたミュンヘンを中心に、命懸けの抵抗運動が出てきました。

プロテスタントのほうでも、マルティン・ニーメラーやボンヘッファーなど、極一部抵抗した人たちはいます。しかしボンヘッファーの抵抗運動も、基本的には暗殺という手段を通じてプロイセン的なドイツを残すというものでした。では、ドイツのナショナルなものに対してはどう考えるのか。ヒトラーがいちばん尊敬したルターの極端な主観主義的な発想がなければ、ナチズムは生まれません。そこのところについてどう考えるのかになると、プロテスタントは説明できません。

だから二〇世紀の神学は、第二次世界大戦後は圧倒的にカトリック主導です。カトリックの知的なインパクトを受けるかたちでプロテスタントがそれに応答していく。それが第二次世界大戦後の神学界の基本的なあり方で、今もその構造は変わっていません。第二次世界大戦前は、カール・バルトを中心とする弁証法神学の運動で、圧倒的にプロテスタントが知的主導権を握っていました。私も、このバルトやヨゼフ・ルクル・フロマートカなどの流れの最末端に連なっており、その意味においては一九一〇年代から二〇年代の頭の神学的な遺産を食いつぶしているわけです。プロテスタントからはカトリックのような新たな知的営為が生まれてこない。そのカトリックの強さというのは、プレモダンであることです。

仏教的な視座に立ってマルクス主義を読み直した廣松渉

日本においてもプレモダンな流れは、ポストモダン的なものとつながっています。その一人として私が今日議論するメインで取り上げたいのが、廣松渉《ひろまつわたる》という東京大学の先生です。この人は二つの顔を持っています。一つは新左翼の活動家。もともと一九五〇年代の高校生のときに共産党員になる、相当早熟な政治少年でした。高校時代は伝習館高校で激しい学生運動をやり、退学になります。それで大学検定試験に合格し、東京大学を狙います。でも、落っこちて学芸大へ。しかしどうしても東大に行きたいと、二年ほど遅れて東京大学に入学しました。

その間、立命館地下室リンチ事件というのが起こります。共産党が国際派（反主流）と所感派（主流）に分かれて、所感派の連中が国際派をピアノ線で締めるわ、ロウソクで炙るわと、散々のリンチをしたという事件です。廣松渉さんは、地下室でリンチされたときの体験がトラウマになっていたので、京都の講演には絶対来ようとしませんでした。

廣松渉さんは、その後共産主義者同盟（ブント）の理論家になり、特に全共闘の運動のときには理論的な主柱の一人になります。ブントの中に情況派というのがあって、この情況派のトップが廣松さんでした。大学の先生になってからも新左翼の理論家であり続けたわけです。今も「情況」という雑誌は出ていますね。

もう一つの顔は、科学哲学者です。廣松さんは最初マルクス主義哲学の研究をしていました。全共闘運動が高揚したときは、名古屋大学の助教授でしたが、全共闘の側の大学解体論に立ち、大学の先生も辞めてしまいます。それからしばらくは理論活動として当時の総会屋雑誌に論文を載せていました。この雑誌は、編集は新左翼系の人がしていて、武力革命は暴力でしか権力が取れないなど過激な論調が並ぶわりには、新日鐵や富士銀行などの広告がたくさん出ている不思議な雑誌でした。そこで書いて生活をしていたわけです。

彼は同時に分析哲学・科学哲学系に非常に優れた基礎研究をしていました。東京大学から誘いがかかり、駒場《こまば》の科学哲学の先生になります。ちなみに東京大学というところは私も教鞭《きょうべん》を執っておりましたが、一番難しいのは、偏差値からすると医学部です。理Ⅲは偏差値八〇を超えていますから、記憶力が特殊な人しか入れない。それ以外のところはだいたい努力すれば入れます。

努力家の一番の塊が法学部と思われていますが、実は法学部よりもっと難しい学部があります。それは専門課程の教養学部。その中で内部進学の点数が特に高いのが国際関係論で、その出身者が外交官になっています。

文学部哲学科は、一番の老舗《しにせ》学部です。ここは内部進学の点は低くて、希望すればほとんど入れるところです。それに対して駒場の科学哲学の講座は、内部進学の点がものすごく高い。東大生というのは偏差値の高いところに行きたがる習性がありますから、哲学をやりたい学生の多くは、駒場に残ります。廣松渉さんはその優秀な学生たちを指導し、科学哲学の講座をずっと持っていた。その集大成が「役割理論」や「存在と意味」。「存在と意味」は最終的に未完に終わってしまいましたが、分析哲学の流れを引いた理屈を持っているわけです。

彼はそれをマルクス主義哲学とうまく結びつけて、「疎外論から物象化論へ」という議論を立てました。この前のヒューマニズムの講義は疎外論の話です。人間というのは本来の姿であったはずだ。しかし今の資本主義社会の中においては、本来の姿が失われている。だから本来の姿に戻す、これが革命だという考え方です。

というと左翼的に聞こえるのですが、国体明徴運動も実はその考え方をしていました。日本の国には、本来のあるべき姿がある。天皇様の下で臣民は幸せに暮らすという構造があったけれど、大名が出てきてそれを遮断してしまった。その大名を排除して王政復古を行ったのに、今度は資本主義というものが外から入ってきた。その資本主義によって黄金大名が生まれたと。黄金大名とは大川周明《しゅうめい》の言い方です。この黄金大名を排除することによって、国家を建て直す、日本を建て直すのだという考えです。

たとえば権藤成卿《ごんどうせいきょう》の『君民共治論』。これは君と民による共治を取り戻すという論です。臣民というときの臣は、国家公務員のこと。国からお金をもらっているのが臣です。それに対してお金をもらってないのが民。ですから臣を排除して君民共治の国をつくるとするのが、権藤成卿の考え方です。それが日本の本来のあり方だった。律令制が入ってきて日本は悪くなった。律令制というのは外来のものである。国家という概念も外来。法律も外来。これは疎外論の構成です。

それに対して物象化論というのは、本来のものというものはない。物事というのは、第一義的に関係がある。すべては関係から生まれているという考え方です。この考え方は、根本仏教に非常に近い。京都の仏教ではなく、奈良の仏教です。特に薬師寺や興福寺《こうふくじ》などの法相《ほっそう》宗《しゅう》の教学に近いです。

ですから廣松渉のマルクス主義解釈とは、言い換えると仏教的な視座に立ってもう一回マルクス主義を読み直したということです。廣松さんには、復古維新的なところがあります。

ソ連崩壊を正面から踏まえていない日本の左翼

彼は一九九四年に亡くなりますが、その数ヵ月前に「東北アジアが歴史の主役に　日中を軸に『東亜』の新体制を」という非常に時代錯誤的なタイトルがついた論考を、朝日新聞の夕刊に出します。そこに復古維新的なものが非常に強く出ています。

〈世紀末について語るにはまだ少し早過ぎるような気もする。ましてや、東北アジアが歴史の主役になるとの予想は、大胆すぎるかもしれない。しかし、二十世紀がもうすぐ終わろうとしていることを考え、また、筆者が哲学屋であることに免じて、書生談義をお許し願いたい。〉（廣松渉「東北アジアが歴史の主役に」『廣松渉著作集　第十四巻』岩波書店、一九九七年、四九七頁）

この論考は書生談義だと言っています。もう彼は自分の余命は幾ばくもないということがわかっているわけです。ですから理論的な細かい詰めはできないけれど、私の言いたいことはここでひと思いに言っておこうと。そういう意味です。

〈つい数年前までは、欧米の落日は言われていたが、ソ連や東欧が大崩壊するなどとは誰《だれ》も予測していなかった。ソ連や東欧の「社会主義体制」は内部に矛盾をはらみながらも、もう暫くは存続するものと思われていた。

日本では好景気と五五年体制が続くと思われており、細川連立内閣の登場など考えもおよばなかった。アメリカに対して「ノー」と言える日がやがて訪れるとは思われていても、大統領の口から公然と「日米経済戦争」という言葉がこんなに早く聞かれるとは予期されていなかった。

米ソ日が構造的に変動したばかりではない。ＥＣヨーロッパも様子が変わってきている。〉（前掲書、四九七頁）

まだＥＣという言葉があったころの話です。

ちなみに日本の左翼の問題というのは、ソ連の崩壊を正面からきちんと踏まえていないことです。新左翼を含めて、です。共産党は当時「ソ連崩壊をもろ手を挙げて歓迎する」と言っていました。「我々はソ連体制とは関係ない」と明言した。ところがやはりソ連に憧《あこが》れていたのです。

日本共産党中央委員会の連絡員は、ソ連崩壊まで赤旗の記者の身分でモスクワにずっと駐在していました。日本で革命を起こす際、ソ連との調整をするために駐在していましたが、住宅代や水光熱費は、ソ連共産党の負担です。それだけでなく、モスクワ大学に留学させたいけど、成績が足りない、だから裏口入学させてくれなどというお願いの記録も、全部残っています。

共産党のナンバー4と言われていた筆坂秀世《ふでさかひでよ》さんが、私に教えてくれました。ソ連崩壊のときの宮本顕治《けんじ》は本当にすごかったと。党に末端まで指令を出したそうです。難しいことは党中央が考えるから、皆さん党員は一人ひとり周りに自分個人がどうして共産党員になったか、その話をしろ。おじさんが戦争に行ってひどい目に遭った、二度と戦争をやるべきじゃないと思ったとか、自分の物語を語れ。そうすればこの危機は乗り切ることができると。そういうかたちに回避して、ソ連の崩壊の問題と真正面から取り組まなかったといえます。

社会党の左派の社会主義協会も、共産党以上にソ連に憧れていました。しかし彼らもソ連崩壊の要因解明に取り組もうとしなかった。崩壊の後も左のほうで元気なのは、JR総連、

ＪＲ東労組の人たちです。ＪＲ総連委員長だった松崎明《あきら》さんという人は、もともと革マル派のナンバー3でした。その後、革マル派とは訣別《けつべつ》していますが、反スターリン主義では一貫している。ソ連は社会主義国ではまったくないと、ソ連に対する幻想を持っていなかった。それでポーランドの自主管理労組・連帯と動力車労働組合と関係を持っていました。最初からソ連というのはろくでもない国だ、滅びてよかったぐらいの感覚でいましたから、ＪＲ総連は、ソ連が実際に崩壊しても社会主義が間違えていたとは思わない。だからこそ組織もきちんと維持できている。

日本人の主たる考え方は関係主義的だ

先を行きましょう。

〈このさなかにあって、東南アジアはたしかに様相が別になっている。が、これとて、今のところは、アメリカやヨーロッパあっての経済成長であり、東亜の隆昇ではある。将来にあっては、だがしかし、どうであろうか？　コロンブスから五百年間つづいたヨーロッパ中心の産業主義の時代がもはや終焉《しゅうえん》しつつあるのではないか？　もちろん一体化した世界の分断はありえない。しかし、欧米中心の時代は永久に去りつつある。

新しい世界観、新しい価値観が求められている。この動きも、欧米とりわけヨーロッパの知識人たちによって先駆的に準備されてきた。だが、所詮《しょせん》彼らはヨーロッパ的な限界を免れていない。混乱はもう暫く続くことであろうが、新しい世界観や価値観は結局のところアジアから生まれ、それが世界を席巻することになろう。日本の哲学屋としてこのことは断言してもよいと思う。〉（前掲書、四九七〜四九八頁）

日本から生まれているのは何かというと、今のところはアニメです。ＡＫＢ48に関しては、これは大東亜共栄圏の範囲の外には広がらないと思います。たとえば、ＡＫＢ48の東京ドームでの公式カタログ、これをアメリカ人やヨーロッパ人に見せた場合、まず九九％児童ポルノと思われるでしょう。少し穏健な人でも、性的な搾取と思うでしょうね。これで問題ないと思うのは、これはやはりアジアの文化圏に限られると思います。

なぜアジアの文化圏に限られるかというのは、今後の一つのカギになってくるでしょう。これも廣松渉の発想の限界と、非常に関係してくるんです。

〈では、どのような世界観が基調になるか？　これはまだ予測の段階だが、次のことまでは確実に言えるであろう。それはヨーロッパの、否、大乗仏教の一部など極く少数の

例外を除いて、これまで主流であった「実体主義」に代わって「関係主義」が基調になることである。〉（前掲書、四九八頁）

予測を断言しているわけですから、論理は破綻《はたん》しています。しかし破綻していてもやっぱり強く言いたいことがある、ということでしょう。

〈――実体主義と言っても、質料実体主義もあれば形相実体主義もあり、アトム（原子）実体主義もあるし、社会とは名目のみで実体は諸個人だけとする社会唯名論もあれば、社会こそが実体で諸個人は肢節にすぎないという社会有機体論もある。が、実体こそが真に存在するもので、関係はたかだか第二次的な存在にすぎないと見做す点で共通している。〉（前掲書、四九八頁）

日本人の主たる考え方とは、基本的には関係主義的です。ですから廣松渉が人びとに受けるのは当たり前です。日本人の地の部分にうまく触れていますから。

私は、完全な実体論者です。目に見えないけれども確実に存在する実体というのがある、レアールなものがあるとの考え方。実体主義なのか関係主義なのかということは、立場設定の問題ですから、論証することはできません。別の言い方で言うと趣味の問題になります。趣味は強要できない。ただ、廣松さんが優れた関係主義的な考え方を持っていることは確かですし、それを言語化することに相当程度成功していることも間違いありません。それゆえに、日本の思想的な危険性が廣松さんの中で体現されていると思うのですが。

〈――これに対して、現代数学や現代物理学によって準備され、構造論的発想で主流になってきた関係主義では、関係こそを第一次的存在と見做すようになってきている。しかしながら、主観的なものと客観的なものとを分断したうえで、客観の側における関係の第一次性を主張する域をいくばくも出ていない。更に一歩を進めて、主観と客観との分断を止揚しなければなるまい。〉（前掲書、四九八頁）

主観と客観を止揚するのは、合掌ということです。合掌だとこの手のどっちが押していて、どっちが押されている側か。右手が押していて左手が押されているとも見えるし、同時に左手が押していて右手が押されているとも見える。ロバが井戸を見るということは、井戸がロバを見ていることと同じだ、という感覚です。こうしたかたちを自然に受け入れるのは、関係主義の人たちの発想です。

それはともかく廣松さんは、革命という妄想を持っていたわけです。でもそれも趣味の問題です。

〈私としては、そのことを「意識対象‐意識内容‐意識作用」の三項図式の克服と「事的世界観」と呼んでいるのだが、私の言い方の当否は別として、物的世界像から事的世界観への推転が世紀末の大きな流れであることは確かだと思われる。（これがマルクスの物象化論を私なりに拡充したものとどう関係するかは措くことにしよう）。〉（前掲書、四九八〜四九九頁）

このへんも物的《もの》なところは世界像にしています。ドイツ語を明らかに意識しているわけです。ベルトビルトにしています。それに対して事的《こと》なほうは世界観ですから、ベルトアンシャウウンクにしている。ベルトビルトというのは像ですから、全体的な整合性はなくてもいいわけです。私にはこう見える、ということで構わない。ところが観になると、全体で共有されるものにならなければいけない。ずっと幅が広くなっていくわけです。こうした細かい言葉の使い方は、非常に廣松さんはうまい。

思想は基本的に解釈、あるいは再解釈である

〈価値観についても同じようなことが言える。もっとも、こちらは屈折しており、一口には言いにくいのだが、物質的福祉中心主義からエコロジカルな価値を中心に据える価値観への転換と言えば、当座のコミュニケーションはつくであろうか。

もちろん、世界観や価値観が、社会体制の変革をぬきにして、独り歩きをするわけではない。世界観や価値観が一新されるためにはそれに応ずる社会体制の一新を必要条件とする。

この点に思いを致すとき、ここ五百年つづいたヨーロッパ中心の産業主義が根本から問い直されていることに考えがおよぶ。〉（前掲書、四九九頁）

廣松さんはこの文を一九九四年に書きました。当時は非常な違和感を持って捉えられましたが、今から見ると違和感はありませんよね。日中を中心としたかたちでの東アジア共同体が、日本の左派リベラル派の共通的なスローガンになっていますが、当時は異常な感じで捉えられました。それと同時に、五〇〇年続いたヨーロッパの産業主義が根本から問い直されている。このことと、ラッツィンガーがなぜ生前退位をするのか、それだけ大きな構造転換

がどうして起きるのかということも、非常にパラレルな関係にあるわけです。

〈単純にアジアの時代だと言うのではない。全世界が一体化している。しかし、歴史には主役もいれば脇《わき》役もいる。将来はいざ知らず、近い未来には、東北アジアが主役をつとめざるをえないのではないか。

アメリカが、ドルのタレ流しと裏腹に世界のアブソーバー（需要吸収者）としての役を演じる時代は去りつつある。日本経済は軸足をアジアにかけざるをえない。

東亜共栄圏の思想はかつては右翼の専売特許であった。日本の帝国主義はそのままにして、欧米との対立のみが強調された。だが、今では歴史の舞台が大きく回転している。日中を軸とした東亜の新体制を！　それを前梯にした世界の新秩序を！　これが今では、日本資本主義そのものの抜本的な問い直しを含むかたちで、反体制左翼のスローガンになってもよい時期であろう。

商品経済の自由奔放な発達には歯止めをかけねばならず、そのためには、社会主義的な、少なくとも修正資本主義的な統御が必要である。がしかし、官僚主義的な圧政と腐敗と硬直化をも防がねばならない。だが、ポスト資本主義の二十一世紀の世界は、人民主権のもとにこの呪縛《じゅばく》の輪から脱出せねばならない。

それは決して容易な途《みち》ではあるまい。が、南北格差をはらんだまま、エコロジカルな危機がこれだけ深刻化している今日、これは喫緊な課題であると言わねばなるまい。〉
（前掲書、四九九～五〇〇頁）

　廣松さんが設定した問題は一言で言うと、近代システムの危機の克服です。だから近代を超克しないといけないということです。これは反復現象なのです。大東亜戦争のときに日本の知識人が考えていたのは、まさに近代の超克だったわけです。だからこそ大東亜戦争は聖戦として捉えられました。少なくとも当時の知識人の自己理解としては。

　重要なのは、思想について語るとき、思想は基本的に解釈あるいは再解釈であることを踏まえておくということです。優れた人が書いたものには、必ず引用が明示されています。最近いろいろな論考を書いても、引用が長すぎるから地の文に落としてくださいと要求されることが非常に多いです。これはやはり反知性主義と非常に関係していると思います。偽りのオリジナリティを貴ぶということです。

　ロシアの作家、ウラジミール・ナボコフの『ナボコフの文学講義』は、三分の二ぐらいが引用です。地の部分は圧倒的に少ない。しかし最適なものを選択し、正確に引用している。ナボコフが面白いのは、必ず一番安い版、一番普及している大衆版から引用すること。ドストエフスキーにしてもカフカにしてもそうです。一番安い版ですから、安かろう悪かろうで、翻訳は間違いが多いのですが、ナボコフはロシア語、ギリシャ語、ラテン語、フランス語、ドイツ語ができますから、自分で原典に当たって、廉価版の翻訳の間違いを修正します。その上で、引用を非常に長くしている。

思想を扱ううえで、非常に重要なのは、普及している版を使うということです。オリジナルが正しいと言っても、普及していないのなら意味がない。普及している版が一番広く影響を与えているわけですから。

思想史講義にしろ何にしろ、引用が少ないものは二つの意味で信用がなりません。一つは読んでいないでいい加減な話をしている。特にインターネットの世界になると、ネットで適当に読んで、地の文に落としてしまうかたちが非常に多いわけです。そうすると間違いがどこまでも拡大再生産される。もう一つは、仮に正確に地の文で書いたとしても、人の考えを自分の考えとして書くというのは、よくない。一種の盗みです。どこまでが自分の考えであり、どこまでが人の考えかをきちんと区別するのは、思想においては重要なポイントになります。

たとえばこの廣松渉の引用が、ずっとこの論考全部に続いているとしましょう。そして一行だけ、私も完全に同じ考えだと打ち出す。それでもう、引用は十分な価値があるわけです。

一回対象にして、その上で賛成しているという立場を表明する。これがクリティカル、批判的な読み方なのです。

タルムード的手法で『〈近代の超克〉論』を読む

これは第二講でも申し上げましたけど、批判というのはクリティーク、クリティックスに対する明治期に入ってきた誤訳の一つです。クリティークとは対象としてそれを認識して、何らかの主体的な判断を加えるという意味です。そうすると意味のないもの、自分が完全に拒絶反応を示すものは、通常取り上げません。クリティークの圧倒的多数は肯定的です。ところが日本語の批判という言葉には、肯定のニュアンスがほとんどありません。ですから文芸のなかで、文芸批評、あるいは批判をなりわいとする人に関しては、評論家という言葉が使われているわけです。

廣松渉さんの『〈近代の超克〉論』は引用をきちんとして、どこまでが他人の考えで、どこまでが自分の考えかをきちんと分けています。さらにその本に対して私が引用してコメントをしているわけですから、オリジナルテキストからの引用のコメントを引用して、さらにそれにコメントをしていくというやり方を採っています。

これはユダヤ教のタルムードの伝統的な手法です。律法の研究というのは、基本的には律法に注釈を付けていくわけです。注に注を付けて、さらに注を付ける。またそれに注を付けて……、と永遠に終わらない。終わるときとは、人類の歴史が終わるときです。救済が実現するとき。ですからタルムード学というのは永遠に続くわけです。

マルクスの『資本論』の第一巻は、典型的なタルムード学の手法に基づいて書かれています。いろんな文献から引用している。アダム・スミスから引用する。その引用に対するマルサスのコメントを書き、そのマルサスのコメントにリカード左派はどう言ったかを書く。そしてさらにマルクスのコメントを付す。こういう、永遠に終わることのないスタイルで書かれています。このタルムード的な手法に慣れていないから、『資本論』の最初の商品のところを読み、価値形態論のところを読んだら、だいたいみんな投げ出してしまうのです。

それに対してマルクスの『資本論』の第二巻、第三巻というのは非常に読みやすい。というか、役所の報告文書みたいです。これはマルクスの遺稿をマルクスの盟友であったエンゲルスが再整理して、死後出しているからです。しかし、文体というのはそのまま思想です。この文体の二つの違いを見た場合、『資本論』第一巻と、第二巻、第三巻はまったく別の思想によって書かれているということがわかります。

『資本論』自体をどう読むか、特に第二巻、第三巻をどう読むかは、非常に難しい問題です。現存のテキストのまま素直に読んだ場合、どこまでがマルクスの考えていることか、どこまでがエンゲルスの独自解釈なのか、あるいは誤解なのか、これがうまく読み切ることができない。

さて、タルムード的な手法で廣松さんのこの『〈近代の超克〉論』を読んでみましょう。申し訳ないのですが、私は皆さんが持っておられる講談社学術文庫版ではなくて、全集版を持ってきています。これには特別な思いがありまして。ちょっと擦り切れているところは紙を貼って剝《は》がした跡。これは東京拘置所での私本閲読許可証が貼ってあった跡です。このテキストは東京拘置所の中で読みました。あの特別の緊張感の中で、近代の超克というのはどういう意味かを読みました。そのとき引いた傍線が残っており、テキストへの馴染《なじ》みがあるからこれを使っているのです。

まず学術文庫版の序のところで廣松さんは、こういうことを言っています。

〈著者は、いわゆる近代知の地平（すなわち歴史的一段階としての近代資本主義時代に照応するヒュポダイム的地平）の超克を唱道し、認識論・存在論の次元では代案の体系的提唱を試みてもきた。また、社会哲学の諸次元に関しても、マルクス理論の復元的解釈を承《う》けて、近代知のそれに代わるべき新パラダイムの体系的講述を進めつつある。〉

（廣松渉『〈近代の超克〉論』講談社学術文庫、一九八九年、四〜五頁）

かなりの大風呂敷《おおぶろしき》で、この認識論、存在論の次元での代案は、『存在と意味』という本になりましたが、結局完成していません。彼はハッタリで「草稿はある。もう二回ぐらいチェックした」と言っていますが、死後一九年、いまだに草稿が見つかっていないということは、たぶん書いてなかったのでしょう。

これは時間が足りなくて書けなかったのではなく、彼が哲学者として破綻したから書けなかったと私は見ています。『存在と意味』の執筆中、彼はガンに侵されていました。自分の持ち時間が少ないということで、全三巻本になる予定だったのを、第二巻までにしている。二巻目はかなり走り書きみたいなかたちで出しました。

第二巻の最終章が「正義論」になっています。「正義論」で正義というのは共産主義によって実現される、としている。ところが彼の発想は物象化論で、私が思っているだけではダメで、世の中のみんなが共通に捉えている共同主観というものが思想なのだと言っています。共産主義は、共同主観として成立していません。では、共産主義はなぜ正義であるのか。それに関して、彼は未来の共同主観性であるという議論を持ってきています。先のことを持ってくることによって、未来においては正しい、という目的論が入ってしまっている。

彼が東京大学の晩年の講義で使っていたのが、和辻哲郎《わつじてつろう》の『倫理学』です。人間の間の学としての倫理学というのが和辻倫理学の基本的な考え方。それは現状肯定に向かい、なおかつ日本的なコンテクストにおいては、皇統を維持していくという尊王思想に結集していく。廣松さんはそうなってしまう怖さを自分のなかで自覚していました。このまま著述を進めていくと、自分の発想は皇道思想になってしまう。これはまずいと、未来の共産主義、正義論というものをぽんと超越的に出しました。そうした結合できないかたちで『存在と意味』の第二巻は結ばれている。

私は「ああ、これは完全に構成として破綻している」と思いました。しかし天才的な誤謬というのがあります。間違えているけれども、天才的な間違いというべきものがあるのです。

世界史は、物語をつくる暴力的な力を持つ人にしかつくれない

廣松さんは、この学術文庫版の序の中で、〈戦前・戦時の日本思潮は、戦後の反省においては、聊か《いささ》矮小化《わいしょうか》して〝始末〟された憾がある〉（前掲書、六頁）と言っていますが、そのとおりです。戦時中の日本の思想のレベルは、相当に高い。戦争に負けたがゆえに、思想的に我々のほうが劣っていたということではまったくないのです。

特にこの本の中でのポイントになるのは、第三章「『世界史の哲学』と大戦の合理化」です。そこで高山岩男《こうやまいわお》の『世界史の哲学』を取り上げています。ちなみに『世界史の哲学』と

いうのは、二〇〇一年に復刊されました。復刊している版元がこぶし書房で、これは革マル派の版元です。田辺元《たなべはじめ》の『歴史的現実』を復刻しているのもこぶし書房。おそらく革マル派の理論的な指導者であった黒田寛一《かんいち》の発想も、京都学派的なところに非常に近いからでしょう。日本人がまじめに物事を考えていくと、最後は京都学派に行きつくのでしょう。絶対矛盾の自己同一、場の論理、そういうところになっていく。黒田寛一は晩年になると「日本よ」という和歌を詠み始めるようになりました。

さて、廣松さんは高山岩男を引き、

〈高山岩男氏は、昭和十七年九月に刊行された『世界史の哲学』の序文の劈頭《へきとう》、「今日の世界大戦は決して近代内部の戦争ではなく、近代世界の次元を超出し、近代とは異なる時期を劃《かく》さうとする戦争である」〉（前掲書、五九頁）

というかたちで大東亜戦争の意義を書くわけです。世界史というのはどういうことか。

〈世界史というものは決して単なる各国史の寄せ集めではなく、史料選択の基準ともなり体系的論述をも規整する〝史観〟をぬきにしてはそもそも存立しえないものだからである。近代の世界史学は或る意味では自己完結的であり、「そこには一種の完成が存する」ということが一応は認められてしかるべきである。〉（前掲書、六〇頁）

そのとおりです。世界史というのは完結しています。そして世界史は、複数存在する。もっと言うなら、世界史を描くことのできる民族は、限られています。

アメリカ史はおそらく成立します。ロシア史も成立します。では、ウクライナ史が成立するか。ウクライナの人には怒られるでしょうが、成立しないと思います。ベラルーシ史も成立しない。それは、現時点でウクライナ人、ベラルーシ人が世界史における自分の位置を確定することができないからです。世界史というのは、物語をつくる暴力的な力を持っている人にしかつくれないのです。そうすると韓国が世界史をつくれるか。北朝鮮が世界史をつくれるか。これもお叱りを受けることを敢《あ》えて覚悟して言いますと、つくれないでしょう。中国は、もともと歴史という考え方は中国から出ていますから、もちろんつくれます。

日本は世界史をつくる基礎体力はあると思います。記述において今までに一番成功しているのは、大東亜戦争中の世界史ですが、この理論に従って戦争をやったらボロボロに負けました。同じようなものをつくったら、きっとまたボロボロに負けることになると思います。理論的なレベルが高くて精緻《せいち》であっても、戦争に負ける思想は、現実の世界に持ってくると非常に調子が良くないのです。もっとも戦争に勝つ思想がいい思想かどうかは、これはまた別です。

一九四五年三月一〇日の東京大空襲

高山岩男が何を考えているかについて、廣松さんは、〈「世界多元論を媒介とした自覚的立場に立つ高次の一元論的世界史論」を展開しようと試みられる〉（前掲書、六三頁）と言っています。

全体主義というのは多元的。全体というのは、今世界史が複数あるように、複数の全体があるわけです。

〈この文脈において、氏はまず「日露戦争のもつ歴史的意義」に思いを致さねばならぬことを説述される。〉（前掲書、六九頁）

ここから引用です。

〈「日露戦役はいふまでもなき、ロシアの止むことなき東亜進出に対して、我が日本が国運を賭して阻止した行動であつた。戦役の結果は当時最大の陸軍国たるロシアを破り、海上にもまた日本の優れた力を示したのである。この戦役は従つて極めて重要な世界史的意義を有する事件であるといはなければならぬ。日露戦役は先づアジアの島国日本がヨーロッパの強国を破つた戦争として、維新以来行はれてきた日本のヨーロッパに対する抵抗力の強化を如実に示すものであつた。アジアに於けるヨーロッパへの対抗勢力として、日本の地位には犯すべからざるもののあることが実証せられ、従来強い抵抗を受くることのなかつた世界のヨーロッパ化の趨勢は、ここに極めて大きな否定力に遭遇したのである。日露戦役は実に世界のヨーロッパ化を不可能ならしめた一大事件である。換言すれば、近代ヨーロッパ史の根本趨勢を如実に否定し始めた最大の出来事である。次に日露戦役は東亜に於ける安定勢力として日本がもつ指導的地位を確実に現した事件であるといふことができる。日本は単に日本としてでなく、いはばアジア諸民族の代表者として、ヨーロッパに内在化せられようとするアジアの超越性を示したのである。……日本がアジアに対してもつ指導的地位は、この戦役によつて定まつたといふことができるであらう」。〉（前掲書、六九～七〇頁）

ここまでが引用です。

〈このように日露戦争のもつ「重大な意義」を氏は強調されるが、しかし、日露戦役はさしあたり「東亜のヨーロッパ化を阻止」するという「消極的」な意義をもつにとどまっていた。〉（前掲書、七〇頁）

ところで一九四五年の三月一〇日に何がありましたか？　東京大空襲です。東京大空襲は、東京の下町を中心に焼夷弾《しょういだん》を落とした明らかに戦時国際法違反の無差別爆撃で、極めて残虐な行為です。問題はなぜ三月一〇日だったかということ。三月一〇日は、陸軍記念日。一九〇五年に奉天《ほうてん》の会戦で日本がロシア軍を破った日です。日露戦争の象徴的な日は二つあります。一つはこの奉天の会戦で勝利した三月一〇日、もう一つは日本海大海戦の五月二七日。これは海軍記念日となっています。

三月一〇日。陸軍記念日のその日に大空襲を行い、それに対して大日本帝国はまったくなす術《すべ》がなかった。国民が焼け死んでいくのをただ傍観するしかないのが、大日本帝国の姿であり、陸軍の姿である。これを可視化するために、三月一〇日というシンボリックな日を選んだのでしょう。日露戦役によるロシアの、これはヨーロッパと置き換えて構いませんが、やむことなき東亜進出を阻止するシンボリックな日が一九〇五年の三月一〇日であったとするなら、それがもはや幻想であることが可視化されたのが、一九四五年三月一〇日の東京大空襲といえます。

理論的可能性としての、二つの大東亜共栄圏

少々長くなりますが、高山のポイントになる部分について廣松さんがまとめているところを読みます。

〈哲学者高山岩男氏としては、しかし、単に政府の代弁では済まない。氏によれば、従来世界史一般なるものは現実には存在せず、特殊的世界史としてヨーロッパ・西亜・東亜の三つの世界史が存立してきた。これら特殊的世界史なるものも、決してその地域に属する諸国史の寄せ集めではない。各々はそれぞれ有機的な聯関性《れんかんせい》をもつ一総体である。そして現在の歴史的局面においては、もはや「国家」は旧来の圏域内に局限されて存立することはできない。このような歴史的現実に定位して氏は大東亜共栄圏を〝哲学的に〟合理化される。

「近代機械文明の発達は、国家存立に必須なる軍事的経済的資源に於て、国家をして従来の国土の制限外に超え出ることを要求するに至つた。換言すれば、国家は従来の観念に於ける国境線を超越していはゆる生命線を要求する如き状態に進むに至つたのである」。このような現象は、氏によれば「近代国家の段階を経過し、資本主義の立場を媒介した現代国家の一つの基本特質をなすもの」であり、「ここに共栄圏とか広域圏とか称せられる特殊的世界が、いはゆる帝国とは意義と構造の違つたものとして要求せられてゐる」次第である。この特殊的世界は「国家ではなく、国家の聯合でもない」。それはまた「近代的意味における帝国でもない」。謂うところの「特殊世界は、一面からみれば依然として多数の国家より成るところの歴史的世界」であるとはいえ、「この世界は地理的・歴史的・経済的な連帯性や人種的・民族的・文化的な親近性を基礎として、その上に緊密な政治的統一性をもつことが要求せられてゐる」。この政治的統一性は或る特定の国家を指導者として構成されることを要求するが、その構成原理には「近代ヨーロッパを支配したのとは異なる新たな道義的原理」が要求される。〉（前掲書、七四〜七五頁）

この考え方は実はTPPの考え方と裏表です。TPPというのは、私は広域帝国主義圏だという言い方をしています。広域の資本主義の要請から国境を越えて行かざるを得ない、ということから生じているもの。新しいというより古いかたちです。これも反復です。大東亜共栄圏と同じ構成なのです。

理論的可能性としては、日本は二つの大東亜共栄圏を持つことが可能です。一つの大東亜共栄圏は、東アジア共同体という大東亜共栄圏です。もう一つは、TPPというかたちの大東亜共栄圏です。大東亜というよりもむしろ太平洋共栄圏ですが。いずれにせよ、これはネイション・ステイト的な近代的なものを乗り越えていこうとする一つの試みなのです。

日本人は近代主義的な枠を超えている

また廣松さんのテキストに戻りましょう。

〈「大東亜共栄圏」は「自主的な契約的結合によるものではなく、さりとて権力的な強要による結合でもなく、却《かえ》つて地理的・運命的な共同的連帯を基礎となしつつ、而《しか》も新たな道義的原理によつて結びつけられる特殊的世界」なのである。――このような共栄圏を建設するための努力、それが氏によれば大東亜戦争にほかならない。〉（前掲書、七六頁）

道義的な原理は、最近の安倍政権が好きな価値観外交みたいな話です。方向性は非常に似ています。パートナーが中国ではなく、アメリカだという構成です。これはたぶん前の戦争に負けたことが刷り込まれているから、同じことはやりたくないという思いなのでしょう。
他方、戦後レジームからの脱却は、アメリカ支配からの脱却ということです。これを突き進めていくと、日米衝突に至ります。実は安倍政権というのは、潜在的には日米衝突の要素を持っている。今はレトリックですが、リアルにしていくと、必ずぶつかる要素があるのです。もう既にそれは始まっています。慰安婦問題は実のところは、韓国と日本の問題よりも、アメリカと日本の間の価値観を巡る争いに近づいていると言えます。

〈「今度の大戦には第一次大戦とは全く意義を異にするものが存してゐる。第一次大戦はヨーロッパ列強の帝国主義的争覇の結果であつた。第二次大戦はイギリス及びアメリカの維持せんとする帝国主義に対する闘争である。従つて、そこには新たな世界観と新たな道義的理想とが貫いてゐる。この新たな世界観と道義的理想とは、我が国とドイツ、イタリアとで未だ必ずしも同じとはいへないであらう。我が国は歴史的伝統と地域的特殊性に結びついた各民族各国家が、それぞれその所を得ることを以て、新たな世界秩序を建設すべき道義的原理となし、それを中外に宣言してゐる。／この道義的原理は近代ヨーロッパの自由主義や個体主義の形式倫理とは意義を異にし、従つてまた世界観を異にするものである。ドイツ及びイタリアのとるべき世界新秩序の原理も、畢竟《ひつきよう》はこれと同様のところに帰着するであらうと思はれる。現代世界史の転換はかくて新たな道義的原理と世界観の下に、新たな国家・文化・経済の要求を孕《はら》みつつ現今行はれてゐるのである」。「ヨーロッパ世界の非ヨーロッパ地域に対する涯《はて》しなき拡張、即ち、西欧的な近代資本主義、西欧的な機械技術、西欧的な近代科学、西欧的な個人主義法制、西欧的な政党的議会主義、等々のヨーロッパ文化の世界的普及、更にこれに伴ひ、これの基礎となった非ヨーロッパ地域の植民地化の趨勢、このやうな驚くべき事実の上に、近代世界史が成立したのであつた。……ヨーロッパ世界史以外に世界史なし、このやうな観念の破れつつあるのが、まさしく現代の世界史的事実に外ならない。そしてこの世界史の転換に最も重大な役割を演じてゐるのが我が日本である。ヨーロッパ的な近代世界史の旧秩序をどこまでも保持しようとする国際聯盟よりの脱退は、この転換に大きな時期を劃《かく》した世界史的事件であった。これが満州事変と支那事変とを連結すると共に、ドイツとイタリアの国際聯盟よりの脱退を喚起し、近代世界史の秩序保持に大きな動揺をもたらし、遂に今次のヨーロッパ大戦の勃発《ぼつぱつ》となるに至つた。と共に、支那事変の背景に活躍して、あくまで近代的旧秩序を維持しようと努めたアメリカ・イギリスに対する我が国の宣戦によつて、この世界史の転換は極めて理路整然たる決定的段階に入つたのである。

今日に於て世界史転換の主導的な役割を演じてゐるものは、実に我が日本である」。〉（前掲書、七七〜七八頁）

これが高山岩男の発想ですが、少し変えてみましょう。三・一一、東日本大震災以降、いまだ福島第一原発を我々は抑え込むことができていません。しかも安倍政権になって原発も再稼働していく、ベストミックスでやっていくことを打ち出しています。民主党政権時代に決定された二〇三〇年代の原発ゼロは、完全に白紙撤回。つまり予見される未来には原発は回していくということです。そうなると大丈夫かな、ということが出てきます。

尖閣《せんかく》諸島を巡っても対立が続き、中国側は火器管制用レーダーを日本の護衛艦に照射しました。火器管制用レーダーというのは相手の形を覚えさせるものです。たとえば私の形を火器管制用レーダーが覚えるとする。そうしたら私が物陰に隠れたとしても、隠れた壁に当たるのではなく、壁をぐるっと回って私の姿を追い求めていつまでもついて来るわけです。

これは照準付きライフル銃を相手に向けて、照準を合わせて引き金に指をかけたということになります。戦時国際法的にはその火器管制用レーダーを当てた時点で、撃ち返してもいいことになっています。攻撃と見なすことができるのです。対立がエスカレートすれば、近未来では必ず日中武力衝突になります。それぐらい危ない橋を日本政府は渡っているわけですが、その政府をこの時点で七割の国民が支持をしている。原発もがんがん回して構わないし、戦争やっても構わない。それが民意であります。少なくとも形式的にはそういう解釈も可能です。

我々日本人は明らかに、近代主義的な枠を超えているわけです。我々にとって不利益になる政権を断固支持しているのですから、近代的な合理主義を明らかに超克している。戦争・原発が構わないわけですから、生命至上主義も超克している。そしてさらに自分のことより、国家やエネルギー政策を重視する方向性を持っている政府を支持しているのですから、個人主義も超克していることになるのです。

「瑞穂の国資本主義」は危うい

ですから近代の超克というのは、明らかに今ここで実現されていることになるわけです。自覚的か無自覚的かは別として。あるいはまったく何も考えていないかもしれない。それで反知性主義が勝利しているということなのかもしれませんが、よくわからない。

外国からすれば、日本がこんな危険な橋を渡るのは、どう考えても近代の枠組みを超克したところで動いているとしか見えないでしょう。しかも日本は、新しい資本主義を目指している。「瑞穂《みずほ》の国資本主義」という翻訳不能なものです。日本は瑞穂の国だから、「瑞穂の国資本主義」を掲げるべきであって、弱肉強食の欧米型の新自由主義とは違うと。これが日本の今の政策です。

戦前の日本について誤解があります。戦前は社会主義や革命は一切タブーで、そうしたことを口走ると警察にしょっ引かれたと思われていますが、まったくそのようなことはないのです。社会主義云々《うんぬん》ではなく、国体を変更すると言うと捕まった。ですから、日本共産党は戦前は共産主義革命を主張していません。日本共産党は、日本は封建制の下にあるという考えでした。封建制の下にあるから、プロレタリアートは資本家と手を握って市民革命を起こさないといけない。では、資本家って何？　三井・三菱？　いや、三井・三菱とも手を握って、地主の親玉である天皇をやっつけよう。そのために戦わないといけないというのが、共産党の三二年テーゼです。だからこれは治安維持法違反で捕まるわけです。

それと対立していたマルクス主義者グループの労農派は、違っていた。天皇制は資本主義の中に溶解されている。だから天皇制とは打倒すべき以前の対象で、こんなものと戦っても影みたいなものだから意味はない。今の資本主義体制を打倒して、社会主義革命を行うという一段階革命論です。だから労農派は捕まりません。

二・二六事件や五・一五事件を行った連中も革命を訴えました。右翼でも社会主義を考えている者はたくさんいました。北一輝《いっき》の純正社会主義に表れるように。つまり、社会主義も革命も全然タブーではなかったのです。このへんの皮膚感覚が、戦後はやっぱり変わっている。

「瑞穂の国資本主義」は、相当程度皇道社会主義と近い発想がある。ですから、安倍総理が経団連の米倉《よねくら》会長のところに行き、「おめえら、内部留保を貯め込むんじゃねえ。賃金を上げろ」とやった。みんなこれをポーズと思っていますが、たぶん本気だと思います。瑞穂の国だからやれと。

形としていくつかの会社はそれに呼応してボーナスをちょっと上げるでしょう。しかし資本主義には資本の論理があります。内部留保を増やすのは、資本が過剰で儲《もう》かるところにカネを出せないから、中に貯め込んでいるだけです。

労働者の賃金が上がる方法はたった一つしかありません。それは階級闘争です。労働組合がちゃんと闘争をして賃金を上げるしかない。賃金を下げる一番いい方法は何だと思います？　インフレ政策です。名目賃金をそのままにしても、インフレが進めば実質賃金は低下します。インフレ政策ほど労働者にマイナスになるものはない。こんなことは論理整合性からして誰にでもわかります。

デフレ論でいいのは、吉川洋《よしかわひろし》さんが日本経済新聞出版社から出した『デフレーション』という本です。人口動態は非常に重要な要素です。ただ、それとともに、日本は他国と賃金の変数が違うと言っています。ヨーロッパやアメリカの労働組合は、企業の業績が悪くなっても賃金は賃金だからと要求していく。日本の場合は違う。企業が〝うちは今年業績が悪い〟と言うと、労働組合が妥協してしまうのです。賃金は低くて構わないと受け入れるから、解雇が少ない。こういう分析が行われている。

いずれにせよ、インフレ政策によって賃下げがぐっと進んでいきます。アベノミクスのおかげで灯油もだいぶ上がってきました。近く小麦も上がるでしょう。その内ポリエチレンの袋も上がってきますから、ゴミ袋の値段も上がります。賃金は上がらない。可処分所得はどんどん減っていく。生活は苦しくなりますが、耐えられます。それは「瑞穂の国資本主義」だから。瑞穂の国にいて、ありがたーいと思う。それによって経済合理性を超えている。明らかに近代を超克しているポストモダン的な現実が今ここにあるわけです。

主観的な願望によって客観的な現実を乗り越えようとする「伝統」

今の情勢で心配することはないわけですが、それで本当に国力がつくかどうか。

この本ではこう言っています。

〈現状を超えようと志向するとき、そして実現さるべきその新しい在り方が現状のリニアな延長上には期待できないと意識されるとき、思想史上謂わば通則として、人は過去のうちにイデアールを〝見出し〟、現状はそれからの〝頽落《たいらく》〟であると考えがちである。そこでは、ルネッサンスが企てられ、レフォルマチオンが図られる。それは、また、しばしばいわゆる〝ロマン主義的反動〟という形態もとる。

往時の「近代の超克」論者たちがイデアールとした「原日本的なもの」、それは天皇の存在に象徴される国家体制の在り方と相即する。この「原日本的」なイデアール、それは単なる過去的な理想的存在ではなく、天皇制国体という形で――よしんば「近代」の「毒」によって犯され変畸《へんき》しているにしても――本質的には現在的に存在するものと了解されていた。このかぎりでは、単なるロマン的な回帰というよりもレフォルマチオンが志向される所以となった。

天皇制国体に象徴される前近代的な遺制に近代超克のイデアールを見るアナクロニズムという点では、未来像のイデアールのみならず現実的槓杆《こうかん》をミール共同体に見たナロードニキと共通するプロブレマティックを指摘することもできよう。当のアナクロニズムに無自覚なことはまさに非喜劇的な帰結を生ずる所以となる。但し、いかに時代錯誤《アナクロニズム》であるとはいえ、論者たちは単純な過去への回帰を説いたのではなく、本人たちとしては現状の未来的な超克を志向したのであり、そこには当然、在るがままの現状に対する

批判、新しい在り方の提言が籠められていた。〉（前掲書、九九〜一〇〇頁）

まさに「瑞穂の国資本主義」です。知的レベルを縮小再生産し、単純化したかたちで、再び『〈近代の超克〉論』は日本の支配的なイデオロギーになっている、と私は見ます。

しかし、「瑞穂の国資本主義」や戦後レジームの超克は、アナクロニズムであると共に、近代主義の枠の中での施策だと私は思うのです。近代とは乗り越えることができないものです。近代でも現代でもいいですが、現代にいる我々はあくまでもモダンなシステムの中にいると捉えている。そしてそれと位相が異なるものを過去として、事後的に位置づけます。中世や古代と位置づけるわけです。近代の超克は事後的にしかわかりません。ただ、近代システムの限界が来ているので、未来としての過去ということで、いろいろなイデオロギー操作、レトリックによって主観的に現状を乗り越えようとする。主観的な願望によって客観的な現実を乗り越えようとする人が出てくる。

これは日本の伝統でもあります。この伝統がいつ始まったかというと、小室直樹《こむろなおき》さんの説に説得力があると私は思っています。それは、元寇《げんこう》です。元寇において日本はかなりの士気で抵抗し、プラス神風の影響があったおかげで勝つことができました。小室さんは単純化して、念力主義と名づけています。主観的な願望を強く持つことで神風が起こり、客観情勢が変わる。日本ではその念力主義によって現実を超えていくという考え方が続いているということです。

アベノミクスも瑞穂の国資本主義も、私は念力主義の現代版だと思っています。現実的にはどう考えても、明らかに圧倒的大多数の国民生活の水準を下げていきます。そうすると子どもに高等教育を与えることが難しくなってくる。その結果、日本全体の知力は、世代交代によって低下するでしょう。社会の力も明らかに落ちていきます。そうしたところに向かっていると思うのです。

日本が露骨な帝国主義国になっていく可能性は高い

では、どのような処方箋《しょほうせん》があるのか。私は近代主義の限界をきちんと踏まえながら、近代主義とお付き合いしていくしかないと考えます。となると、皆さん気づいたことでしょう。私の機嫌が非常にいいのは、安倍政権がＴＰＰに参加することを決めたので、瑞穂の国資本主義が崩壊すると思っているからです。ＴＰＰと瑞穂の国資本主義は絶対に同居できない概念です。そうなると、慰安婦問題に関しても、広義の強制性、狭義の強制性などという馬鹿げた議論は全然できなくなってきます。

問題は、この先です。安倍さんを支持したコアな保守の陣営、右翼の人たちは、裏切られたということにまだ気がついていません。あるいは気づこうと思っているけれど、認めようとしない。パートナーが浮気しているときといっしょです。携帯電話の着信があると、外に飛び出て電話をすることが多くなる。問いただすと、仕事で重要な話だと言う。でも、ケータイを覗《のぞ》いてみると着信履歴が消されている。もう浮気しているのに決まっているのですが、それを信じたくない。だから、相手が繰り出す言い訳を一生懸命信じようとする。これと似たような状態になっているわけです。

ニクラス・ルーマンの『信頼』という本を読むとよくわかります。世の中は非常に複雑にできていて、その中で生きていくのは大変だから、複雑性を縮減しようとする。複雑性を縮減するシステムとして、信頼があると。しかし一回信頼を決めると、信頼すれば信頼するほど、裏切られた自分を認めることはできなくなってしまいます。だからこそ、深く信頼されているほど、裏切りは徹底してできるわけです。閾値《いきち》を超えなければ、ずっと裏切り続けることができるかもしれない。今はそんなところに来ているのではないかと思っています。

力を持つ思想は限られています。今日本で力を持つ思想の一つは、ナショナリズム。中国で形成されているナショナリズムを裏返したところでのナショナリズムです。もう一つの思想は啓蒙《けいもう》主義、合理主義です。この合理主義というのは、金融工学や設計主義に基づいています。AKB48は主観的には明らかに設計主義、構築主義での典型だと思います。だから力を持つ。

　ですから採れる処方箋というのは限られています。たとえばＡＫＢ48的なシステムが政治にも導入されたらどうなるか。ＣＤを買った分だけ何票でも投票できる人が出てくるのと同じように、税金を納めた額によって投票権が変わってくる。いわゆる金権政治のかたちで、今の危機を乗り越えていく方法。内閣としては超然内閣です。政治は民意と関係のないところで決めていく。国民から徹底的に収奪して、身内だけで固まって世の中をつくり、国家として生き残っていく。そうしたシナリオが一つあります。

　もう一つはレトリックの操作ですが、瑞穂の国だからみんな同胞として力を合わせていこうというもの。生活水準が圧倒的に下がってきたら、総理大臣も国民に合わせて生活の水準を下げていくわけです。今の総理大臣も官房長官も贅沢癖《ぜいたくへき》はあまりなさそうですから、けっこうやってくれるでしょう。みんな貧しくとも、瑞穂の国だから頑張ろう。ただし、軍事力は重要だから軍備増強はしていこうと。

　近未来のシナリオとしては、この二つがあるかと思います。

　ただ、日本人はどこかで気がつくと思います。今までの内閣は、一年くらいで信頼が消費しつくされたのですが、今回の内閣は信頼の度合いが高いから、二年ぐらいは持つでしょう。二年がたって、日本人が気づいた時、ではどのような思想をつくり、どのように現実と対峙《たいじ》していくのか。

日本が露骨な帝国主義国になっていく可能性は高いです。そうなるための基礎体力は既に持っています。あとは、思想力、国民を統合する物語をつくることができれば、かなり強力な帝国主義的進出が可能になるでしょう。それが日本にとっていいことかどうかは別問題ですが。

たとえばこういうことです。原発は国内ではゼロにしよう。こんな危なっかしいものを国内に置いておけるか。しかしせっかく造ったし、売ればカネになる。欲しいと言う国があるなら、売るのは吝《やぶさ》かではない。加えて、原子物理学の技術は絶対に手放すわけにはいかない。なぜなら近未来のＮＰＴ（核兵器不拡散条約）体制はおそらく崩壊してしまう。核爆弾を自分で造れないとなると、パキスタンから高いカネでそれを買わなくてはいけなくなる。そんなみっともない国にはしたくない。十分ロケットはあるから、いつでもミサイルにできる状態を維持するためには、やはり原発を断固売っていくべきだ。という考え方のもと、原発技術で儲けを得ながら、国内では平和と繁栄を維持していく――、このやりかたはありだと思います。

それでいいのか。最終的に超越的な感覚をどう持つかにかかってくると思います。その意味では瑞穂の国資本主義でもいいでしょう。ただ、瑞穂の国資本主義を唱えている人が、高《たか》天原《まがはら》の神々の構成をどんなふうに理解しているのか、一度は聞いてみたいところです。たとえば天照大神《あまてらすおおみかみ》は最高神です。ところが天岩戸《あまのいわと》に隠れたときには、神様にお祈りしていますね。最高神がお祈りする神様というのは誰なのだろう、そこは考えなければいけないと思います。そのあたりに近代的な合理主義とは別の、我々の宇宙的な感覚があるわけですから。

瑞穂の国資本主義をもっと推し進めて「高天原資本主義」の段階まで行ったとしたら、超越性がはっきり出てくるでしょう。今廃れてしまった「友愛」という言葉も復活するかもしれません。再分配を可能にする思想として。

私は日本の政治的及び社会的な現実は、一方においてAKB48、他方においてアベノミクスというかたちで、明らかに近代主義の枠を超えてしまっていると見ています。だから近代を超克している状況に来ていることは、極めて危ないと思うのです。

知は力なり、は信じたい

我々は、これだけ大変な問題を突き付けられています。カルチャーセンターにもどれだけの意味があるのか、非常に心配になってきます。いくら我々がこうしたところに集まって一生懸命知識を増やしても、現実の政治は別のところで動いている。虚《むな》しいなという気はします。まあ、そんなものでしょう、世の中は。

知は力なり、ということは信じたいと思います。我々は簡単に飛躍してはいけない。宗教の世界、神秘主義者やオカルトの世界は、実は非常に論理的ですが、最初に飛んでしまっています。たとえば病気の原因は、魔女が呪いをかけるからだと。魔女というのは、額に傷があり、年齢は四〇歳以上七〇歳以下である。この前提を認めると、自分の子どもが病気になったところで魔女探しが始まります。魔女を探す行動自体は極めて合理的。非学術的だけど合理的な話は、世の中に山ほどあります。それをどのように仕分けていくかが肝心なのです。

いずれにせよ、我々は大変な時代に生きているのは間違いないことです。

（二〇一三年三月二日）

あとがき

国際社会の構造が大きく変化している。その過程で、既に潜在力を使い果たしていたように思われていた民族と宗教が無視できない役割を果たすようになった。さらに主権国家を基本にする既存の国際関係が機能不全を起こしている。これらの問題が深刻な状況になっていることが可視化されたのが二〇一四年だった。

民族の観点から注目されるのが、ウクライナ東部の内戦だ。ロシア語に「エトノクラツィヤ Э Тнокрауця」という言葉がある。「エトノ」は民族で、「クラツィヤ」は支配という意味だ。自民族だけである領域を完全に支配しようとする衝動である。ウクライナの東部、南部に住む人びとは、正教徒でロシア語を日常語とする人びとが大多数だ。日常的には、自分がウクライナ人であるかロシア人であるか特に意識しないで暮らしていた。ウクライナ人でありロシア人であるという複合アイデンティティーを持っていた人たちが、内戦が勃発《ぼっぱつ》した後は、ウクライナ人かロシア人のどちらかを選ぶことを余儀なくされた。そして、どちらの民族を選ぶかによって、昨日までの家族、友人が文字通り、殺し合いをしなくてはならない状況が生じた。

各人が自らのアイデンティティーを選択するにあたって、基準となるのが歴史である。九九八年にキエフ・ルーシ（キエフ公国）が、ビザンティン（東ローマ）帝国からキリスト教（正教）を受容した。ロシア人もウクライナ人も、自らのルーツがキエフ・ルーシにあるという認識は共有している。ロシア人という自己意識を持つ人たちは、キエフ・ルーシがモスクワ公国に発展し、現在のロシアになったと考える。これに対して、ウクライナ人という自己意識を持つ人たちは、キエフ・ルーシは、現在のウクライナ西部にあったガリツィア公国に発展したと考える。

過去において、どの出来事が歴史を形成し、それにどのような意味があるかについての物語が、ロシア人とウクライナ人という民族を二一世紀のこの瞬間において作り出しているのだ。

ウクライナで起きているのと構造的に同じ問題が現下の日本でも生じている。

二〇一四年一一月一六日に投開票が行われた沖縄県知事選挙では、翁長雄志《おながたけし》氏（前那覇《なは》市長）が圧勝した。翁長氏は、現職の仲井眞弘多《なかいまひろかず》氏を一〇万票も離し、得票率は五一・六％を占めた。

具体的な争点となったのは、米海兵隊普天間《ふてんま》飛行場の移設問題だ。しかし、より本質的な争点は、沖縄が東京の政治意志に隷属する日本の一地方に止《とど》まるか、それとも近過去に琉《りゅう》球《きゅう》王国という独自国家を持ち、琉球語を始めとする独自の文化を維持する沖縄が自己決定権を確立すべきかという沖縄人のアイデンティティーをめぐる問題だった。

翁長雄志知事の誕生によって沖縄の自己決定権強化の動きは一層加速されることになる。日本の一部には、保守系の翁長氏が知事になっても、中央政府から圧力を加えられれば再び辺野古《へのこ》容認に立場を変更するという観測がある。これは沖縄の自己決定権を軽視した非現実的な見方だ。一八七九年の琉球藩を廃して沖縄県を設置した「琉球処分」によっても、沖縄人は、自らの共同体、文化を維持し、沖縄人という自己意識を失うことはなかった。同時に沖縄人は日本人としての自己意識も持つようになった。そのため現在、沖縄人の自己意識は、四つのカテゴリーに分かれている。

第一が、沖縄人性を完全に放棄し、「日本人以上に日本人的な」沖縄人になろうとする人びとだ。日本人に過剰同化する沖縄人と言ってもいい。

第二が、「沖縄系日本人」という自己意識を持つ人びと。従来、沖縄ではこのカテゴリーの人びとが圧倒的多数を占めていた。

第三が、「日本系沖縄人」という自己意識を持つ人びと。沖縄人と日本人の複合アイデンティティーを持っているが、どちらか一つを選ばざるを得なくなったとき沖縄人を選択する人びとだ。

第四が、日本人性を完全に否定し、「琉球人（沖縄人）」という自己意識を持つ人びとだ。

仲井眞弘多氏も翁長雄志氏も、数年前までは、「沖縄系日本人」だという漠然とした自己意識を持っているに過ぎなかった。中央政府の強圧的姿勢を前にして、仲井眞氏や一部保守政治家は、紆余《うよ》曲折を経た末に「日本人以上に日本人的な」沖縄人になろうとした。これに対して、翁長氏と別の保守政治家は、「沖縄系日本人」から「日本系沖縄人」という方向に自己意識がシフトしたのである。翁長氏と同じベクトルでの自己意識の変化が広範な沖縄人の間で生じている（母が沖縄人、父が日本人である筆者も、現在は「日本系沖縄人」という自己意識を抱くようになった）。

宗教の観点から注目されるのは、「イスラム国」（ＩＳ）の誕生だ。これは通常の国家ではない。非中央集権的で、ネットワーク型の組織だ。

二〇〇一年九月一一日にアメリカ同時多発テロを起こしたアルカーイダに対してアメリカは世界的規模で「対テロ戦争」を行い、二〇一一年五月にはアルカーイダの指導者ウサマ・

ビン・ラーディンをパキスタンで殺害した。アメリカの「対テロ戦争」に対応する過程で、アルカーイダ系の組織が変容していったのである。

「イスラム国」の直接の起源となったのは、ザルカウィが創設した「イラクのアルカーイダ」だ。この組織の特徴は、本家のアルカーイダと異なり、シーア派を異端とし、ジハード(聖戦)の対象とする宗派主義的態度だ。ザルカウィは、二〇〇六年六月にアメリカ軍によって殺害されたが、「イラクのアルカーイダ」は、勢力を拡大していく。そして、二〇一三年にシリアの反政府組織を基盤に台頭した「ヌスラ戦線」と合同し、「イラクとシャーム(シリア)のイスラム国」(ISIS)を設立したと宣言した。しかし、これには「ヌスラ戦線」、本家のアルカーイダの双方から異論が出た。その結果、ISISは「イスラム国」と改称し、アルカーイダから分離すると同時に「ヌスラ戦線」とも激しく対立するようになった。

ジハードによる世界的規模で単一のカリフ帝国(イスラム帝国)の確立という基本的信念を共有するだけの、緩やかなつながりのテロリスト・ネットワークが形成され、「イスラム国」を支持している。二〇一四年一〇月、日本人大学生が、シリアに渡航し、「イスラム国」のジハード戦士になろうとしていた事案について警視庁公安部が事情聴取をした。日本にもテロリストのネットワークが張り巡らされつつある。

本書を注意深く読んでいただいた読者には、ウクライナ、沖縄、「イスラム国」で生じている問題が、近代というシステムがはらむ構造的危機であることがわかっていただけると思う。

本書の企画、編集にあたっては角川書店第一編集局の岸山征寛氏に大変お世話になりました。どうもありがとうございます。

二〇一五年一月一日 曙橋（東京都新宿区）の仕事場にて

佐藤 優

主要参考文献一覧

【第一講、第二講】
佐藤優『同志社大学神学部』光文社新書、二〇一五年
エルンスト・トレルチ（近藤勝彦訳）『トレルチ著作集　第四巻　歴史主義とその諸問題（上）』ヨルダン社、一九八〇年【原著一九二二年】
エルンスト・トレルチ（小林謙一訳）「十九世紀」『トレルチ著作集　第十巻　近代精神の本質』ヨルダン社、一九八一年【原著一九一三年】
田辺元『歴史的現実』こぶし書房、二〇〇一年【原著一九四〇年】
田邊元『哲學入門』筑摩書房、一九六八年【原著一九四九年】
ジェルジ（ゲオルク）・ルカーチ（城塚登／古田光訳）『歴史と階級意識』白水社、一九七五年【原著一九二三年】（筆者注・難解）
ユルゲン・ハバーマス（細谷貞雄訳）『晩期資本主義における正統化の諸問題』岩波書店、一九七九年【原著一九七三年】（筆者注・難解。二〇一八年、山田正行・金慧による新訳が、

『後期資本主義における正統化の問題』の題で岩波文庫から刊行された）

カール・バルト（吉永正義訳）『教会教義学　神の言葉Ⅰ／１　序説／教義学の規準としての神の言葉』新教出版社、一九九五年（筆者注・極めて難解）

【第三講】

務台理作『現代のヒューマニズム』岩波新書、一九六一年

務台理作「近代のヒューマニズム」『務台理作著作集　第六巻』こぶし書房、二〇〇二年【原著一九五二年】

ニコライ・ベルジャーエフ「ロシア共産主義の歴史と意味」『ベルジャーエフ著作集　第七巻』白水社、一九六〇年【原著一九三七年】

カール・バルト（成瀬治訳）『ヒューマニズム』新教出版社、一九五一年【原著一九五〇年】

Josef Lukl Hromadka,Evangelium o ceste za clovekem,Kalich/Praha,1958（筆者注・チェコ語。邦訳未刊行。独訳 Das Evangelium auf dem Wege zem Menschen は、東独 Evangelische Verlagsanstalt,Berlin から一九六一年に、西独 Luther Verlag,Witten から一九六三年に刊行された。西独版は同志社大学神学部図書館に所蔵されている）

【第四講】

※講義で主たる検討対象とした文献

廣松渉「東北アジアが歴史の主役に」『廣松渉著作集　第十四巻』岩波書店、一九九七年
廣松渉『〈近代の超克〉論』講談社学術文庫、一九八九年
高山岩男『世界史の哲学』こぶし書房、二〇〇一年【原著一九四二年】
佐藤優『同志社大学神学部』光文社新書、二〇一五年
ユルゲン・ハーバーマス／ヨーゼフ・ラッツィンガー（三島憲一訳）『ポスト世俗化時代の哲学と宗教』岩波書店、二〇〇七年

※講義の内容を深く理解するために有益な文献

河上徹太郎他『近代の超克』冨山房、一九七九年
浅田彰『構造と力』勁草書房、一九八三年
ウラジミール・ナボコフ（野島秀勝訳）『ナボコフの文学講義』（上下二冊）河出文庫、二〇一三年
熊野純彦『戦後思想の一断面　哲学者廣松渉の軌跡』ナカニシヤ出版、二〇〇四年
佐藤優『日米開戦の真実　大川周明著「米英東亜侵略史」を読み解く』小学館文庫、二〇一一年

本書は二〇一五年に刊行した『危機を克服する教養』を改題し、加筆修正したものです。

佐藤　優（さとう・まさる）
作家・元外務省主任分析官。1960年、東京都生まれ。85年同志社大学大学院神学研究科修了後、外務省入省。在ロシア連邦日本国大使館勤務等を経て、本省国際情報局分析第一課主任分析官として、対ロシア外交の最前線で活躍。2002年、背任と偽計業務妨害罪容疑で東京地検特捜部に逮捕され、以後東京拘置所に512日間勾留される。09年、最高裁で上告棄却、有罪が確定し、外務省を失職。05年に発表した『国家の罠』（新潮文庫）で第59回毎日出版文化賞特別賞を受賞。翌06年には『自壊する帝国』（新潮文庫）で第5回新潮ドキュメント賞、07年第38回大宅壮一ノンフィクション賞を受賞。『獄中記』（岩波現代文庫）、『宗教改革の物語』（角川書店）、『帝国の時代をどう生きるか』『国家の攻防／興亡』『『資本論』の核心』『日露外交』『勉強法』（角川新書）、『復権するマルクス』（的場昭弘氏との共著、角川新書）など著書多数。

思考法《しこうほう》

教養講座《きょうようこうざ》「歴史《れきし》とは何《なに》か」

佐藤《さとう》　優《まさる》

2018年 5月 10日　初版発行
2024年 3月 10日　4版発行

◆◇◇

発行者　山下直久
発　行　株式会社KADOKAWA
〒102-8177　東京都千代田区富士見 2-13-3
電話　0570-002-301（ナビダイヤル）

装 丁 者　緒方修一（ラーフイン・ワークショップ）
ロゴデザイン　good design company
オビデザイン　Zapp!　白金正之
印 刷 所　株式会社KADOKAWA
製 本 所　株式会社KADOKAWA

角川新書
　ISBN978-4-04-082209-9 C0236